阪神タイガースぶっちゃけ話

HANSHIN Tigers

猛虎の「アレ」を10倍楽しく見る方法

岡田阪神激闘篇

江本孟紀

Takenori Emoto

清談社

Publico

阪神タイガース ぶっちゃけ話

岡田阪神 激闘篇

はじめに

なぜ、阪神タイガースは、いつもファンをやきもきさせるのか？

いまから40年以上前の1981年8月26日、甲子園球場の阪神タイガース対ヤクルトスワローズ（現・東京ヤクルトスワローズ）戦で事件は起きた。甲子園名物の浜風はまったく吹く様子がなく、ただただ蒸し暑く、陽が落ちてからもいっこうに涼しくならなかった。

当時の阪神は4位、ヤクルトは2位だったものの、首位の読売ジャイアンツ（巨人）には10ゲーム以上離されていたため、優勝はすでに射程外となっていた。「死のロード」終了後の甲子園での2試合目で、スタンドに2万4000人のファンが集まるなか、私は先発投手としてマウンドに上がっていた。試合は4対1でリードしていたものの、八回に一塁手が打球を弾いたことで走者が生還して二死二、三塁という場面を迎え、八番の水谷新太郎が打席に立っていた。そこで捕手を含めた内野手全員がマウンドに集まってベンチを見ると、敬遠か交代のサインが出る……かと思いきや、なんと、監督である中西太（なかにしふとし）さんの姿がない。中西さんは肝心の勝負どころになるとベンチから消えてしまう離れ業を持っていたことで知られていた。結局、水谷とは中途半端に「勝負」することになり、敬遠と見ていたライトが突然のライナー性の当たりに慌ててグラブで弾いてファンブルし、二人の走者がかえって同点に追いつかれてしまう。この回に2度もグラブで弾かれる不運……。

そのまま次の打者を抑えた私は、八回までで交代となった。帰る途中にロッカーの入り口の通路の後ろのほうに2、3人の記者がいたような気がするが、大声で「あんなところで、何しとんじゃ！」「アホか！」などと怒鳴っていたのが聞こえたようだ。誰かに対して怒っていたわけではなかったが、同点にされて勝ち星が消えたことで、頭に血がのぼっていたことは間違いなかった。

それが、翌日のスポーツ紙を見たら、「ベンチがアホやから野球がでけへん」になっていた。もう40年以上も前の話だから細かいことはどうでもいいことではあるが、暴言を吐いたのは事実だ。結局、私はこの言葉によって騒動を起こし、また、ベンチを批判したという事態になり、その責任を取ってユニホームを脱ぐことになった。当時の年齢は34歳。プロ入り11年目のことだった。

時は流れて42年後——当時のチームメイトだった岡田彰布（おかだあきのぶ）が２００８年以来15年ぶりに指揮官としてタテジマのユニホームに袖を通した。２００８年当時は50歳。それから15年の歳月が流れたわけだから、彼のコメントを聞くと、だいぶ丸くなったように感じたのだが、それには理由がある。

２０１０年から3年間、オリックス・バファローズの監督を務めたが、５位、４位、６位と思うような成績が挙げられず、最後は解任に近いかたちで辞任した。阪神でうまくいっていたことが、同じ関西に本拠地を置いたほかの球団ではまったく通用しなかったことで、考え方が変わっていったのだろう。

そのうえ、岡田と選手との年齢差も大きくなった。このことが、いまの岡田にとって最も大きく影響しているのではないかと考えている。

２００４年から２００８年までの阪神の監督時代、選手との年齢差は親父（おやじ）と息子ほどだったが、いまは「おじいちゃんと孫」ほどの年齢差となっている。それに、選手をとりまく育成の環境も大きく変わった。「叱る指導はダメ、ほめる指導をよしとする」いまの風潮には賛否の声があるにしても、かつてのように厳しさを前面に出しても選手はついてこないということは、岡田自身がいちばん理解している。

ただし、イージーミスは許さない。第1章でくわしく述べるが、岡田は金本知憲、矢野燿大らとは違って、野球の基本のプレーができていないと厳しい。たんに打った、投げた、走ったではなく、あらゆる状況で的確な状況判断ができない選手に対しては必ず苦言を呈しているのだが、これは当然のことである。プロ野球選手としてお金をもらっている以上、当たり前のプレーを当たり前にできないようではプロ失格である。

確実に取れるアウトは取り、確実に得点を奪える場面ではセオリーどおりの攻撃を貫く。岡田監督の野球は、もつれ合うような試合展開ではなく、先制した得点を投手陣が守り切って逃げ切るスタイルのため、おもしろみがないといわれることもある。

けれども、私は岡田の野球で勝てる確率が高まるのであれば、それでいいと思っているし、まだまだ課題が多いチームだが、それさえ克服すれば、岡田の手腕によって阪神は黄金時代を築ける可能性だってあると思っている。

果たして、それはどこまで真実味がある話なのか。阪神の過去の歴史を振り返りつつ、いま抱えている課題や、その克服方法、さらにこの先の展望についてまで、私なりの分析を交えながら話を進めていくことにする。

阪神タイガースぶっちゃけ話

岡田阪神 激闘篇

猛虎の「アレ」を10倍楽しく見る方法

Contents

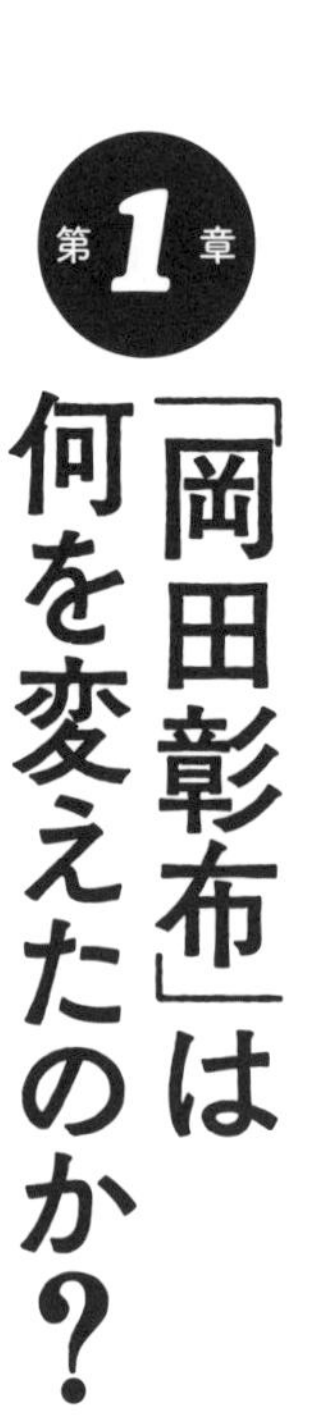

第1章　「岡田彰布」は何を変えたのか？

「岡田采配」を10倍楽しく見る方法

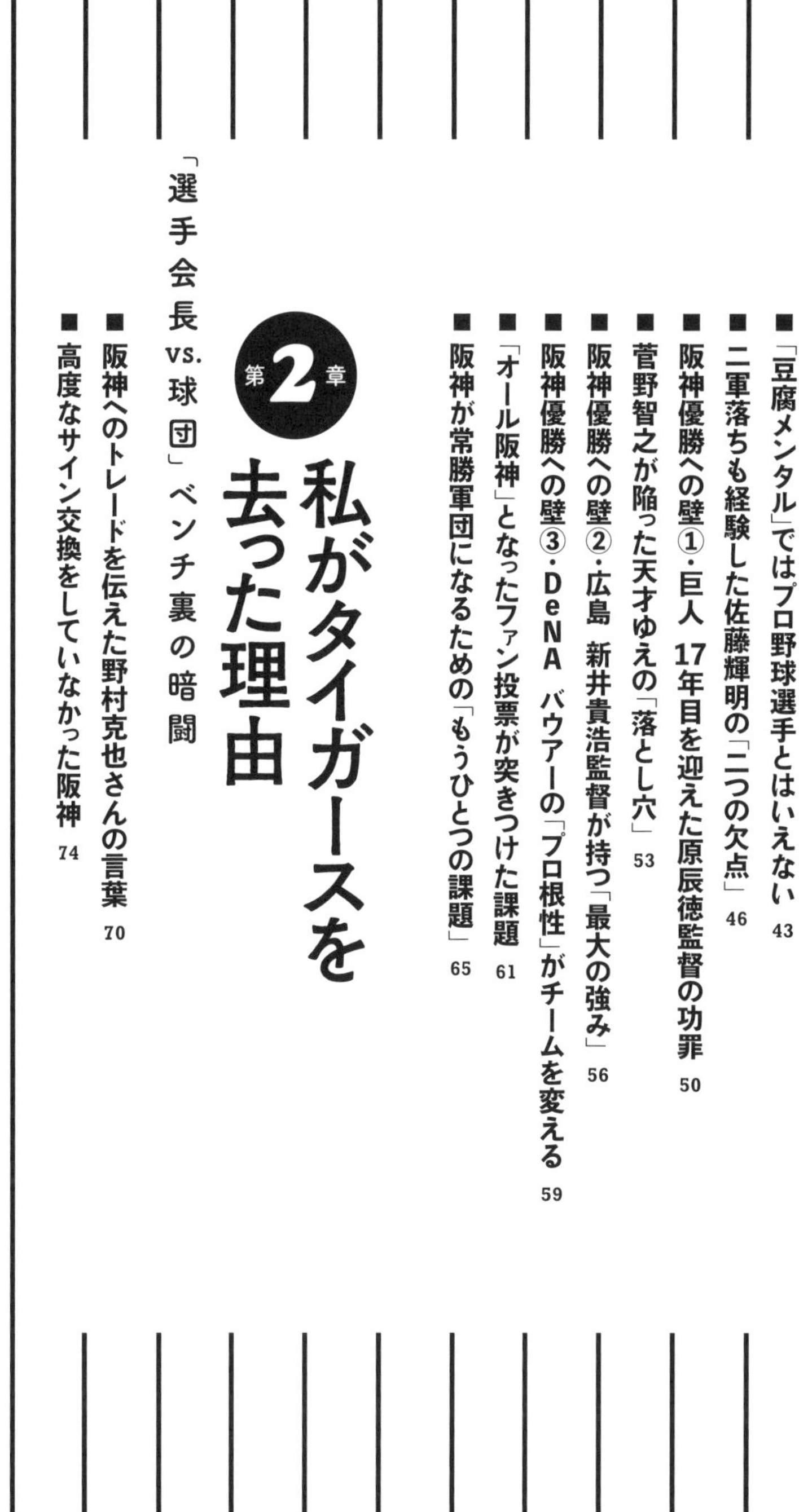

第2章 私がタイガースを去った理由

「選手会長vs.球団」ベンチ裏の暗闘

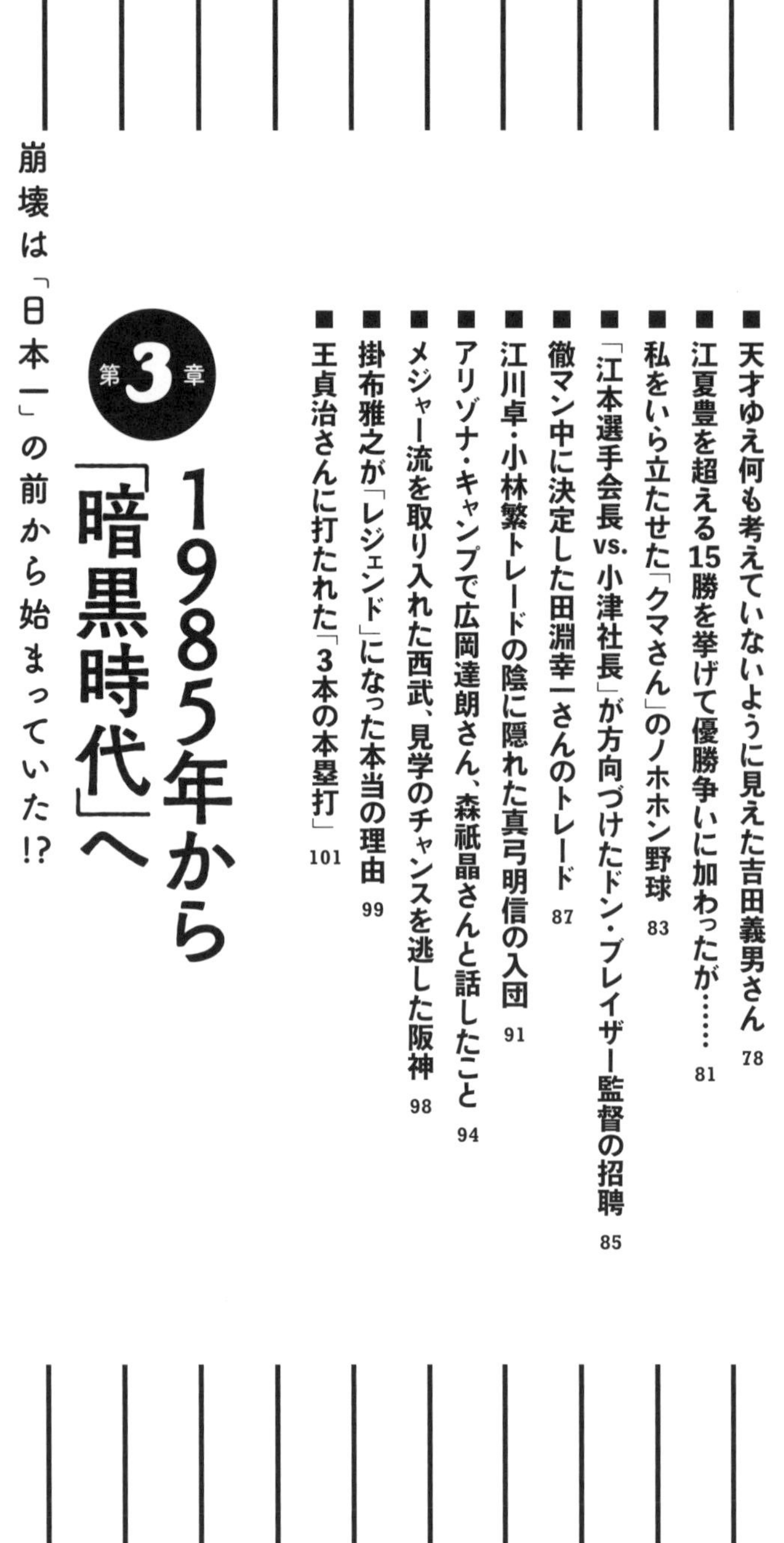

第3章 1985年から「暗黒時代」へ

崩壊は「日本一」の前から始まっていた!?

第4章 2003年「猛虎復活」の舞台裏

野村・星野・岡田、それぞれの功罪

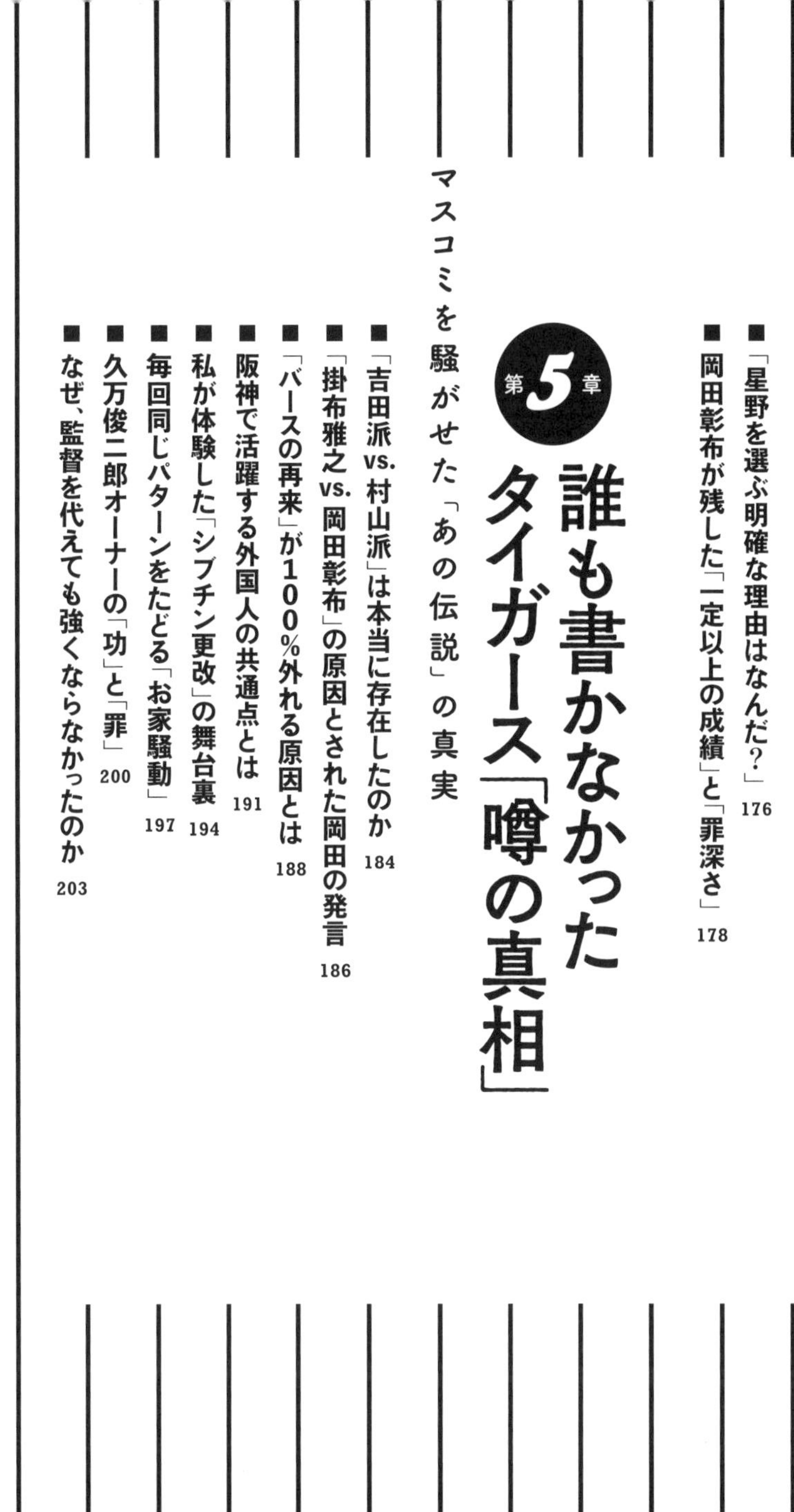

第5章 誰も書かなかったタイガース「噂の真相」

マスコミを騒がせた「あの伝説」の真実

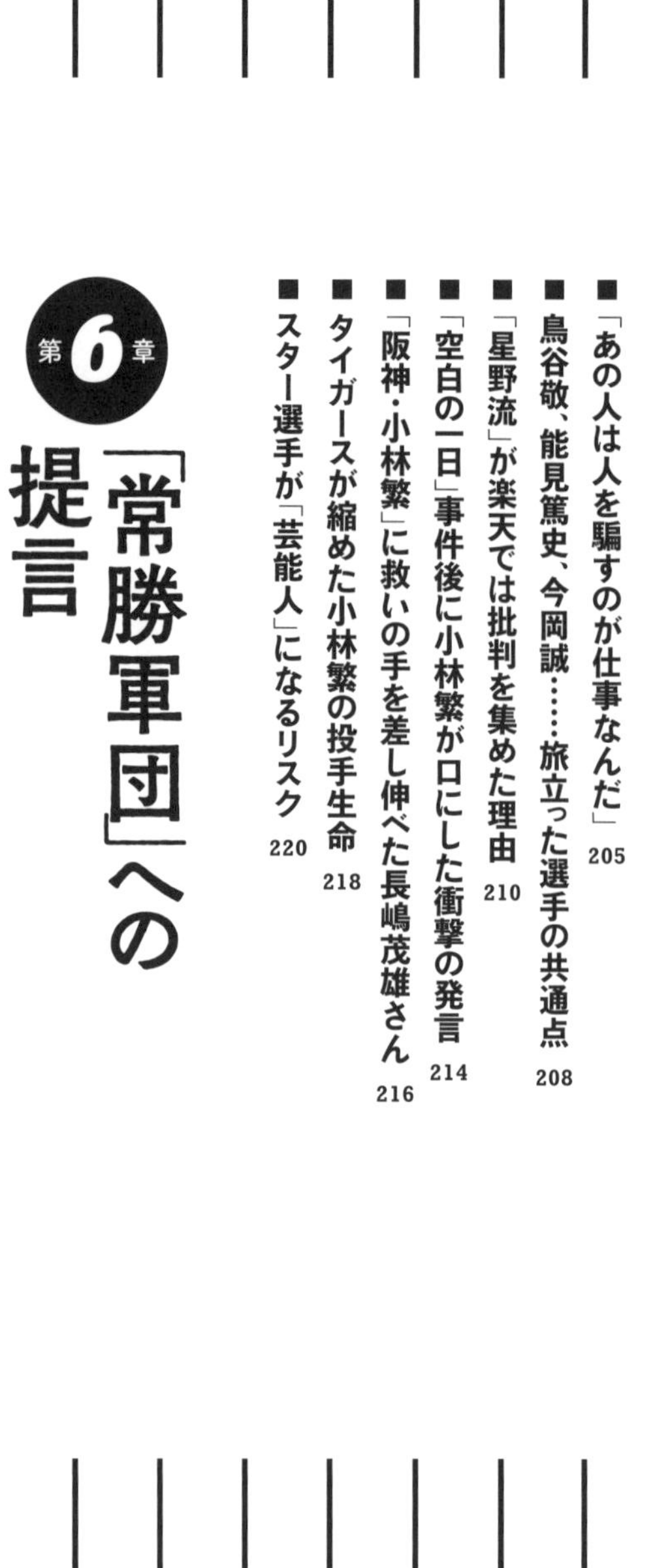

第6章 「常勝軍団」への提言

「本当の強さ」を手にするために必要な条件

本書は、2021年に弊社より刊行した『阪神タイガースぶっちゃけ話』に第1章を書き下ろしのうえ、改訂したものです。

第1章

2023年3月31日の開幕戦、ベンチで笑顔を見せる岡田彰布監督（右）。なぜ、阪神ファンは「今年こそは優勝」と沸き立ったのか。

「岡田彰布」は何を変えたのか？

「岡田采配」を10倍楽しく見る方法

なぜ、阪神ファンは「岡田彰布監督」に期待するのか

2022年秋、岡田彰布が阪神の新監督に就任したとき、多くの阪神ファンはこう思ったに違いない。

「これで当たり前の野球が見られる」

岡田が阪神の監督を辞任した2008年以降、真弓明信（2009〜2011年）、和田豊（2012〜2015年、現・二軍監督）、金本知憲（2016〜2018年）、矢野燿大（2019〜2022年）と4人が阪神の監督が務めたものの、いずれも優勝には届かなかった。

だが、内容をひもといていくと、2010年と2021年は、いずれも優勝するチャンスがあったものの、あと一歩のところで涙を飲んだ。とくに2021年シーズンは、開幕から好スタートを切って、6月の時点で関西地区の某テレビ局で優勝を前提にした特別番組が組まれるほど盛り上がっていた。

だが、結局はシーズン成績は2位に終わった。夏場から急上昇してきたヤクルトに追い越されて6年ぶりのリーグ優勝を果たされ、日本シリーズでもオリックスを破って20年ぶ

りの日本一に輝いた。

一方で、阪神は敗れた悔しさから猛練習に励む……かと思いきや、シーズンオフに入ると、まるでリセットされたかのように、「さて、来年の阪神はどうなるでしょうか」と一部の関西メディアに持ち上げられていた。

さらに、春季キャンプの前日、当時の矢野監督は選手全員を前に退任表明し、キャンプ終盤には胴上げをして「予祝（よしゅく）」を行った。キャンプが始まる前日の1月31日に退任表明した監督など聞いたことがないし、「優勝したときの胴上げの予行演習」をした監督も過去にはいなかった。それだけに、矢野の一連の行動には、ただただ疑問符しかなかった。

その結果、すべてが悪い方向に転がっていった。投打がまったく噛（か）み合わず、セ・リーグワースト記録となる開幕9連敗を記録。4月まで9勝20敗で最下位となる。その後は巻き返し、どうにかAクラス入りを果たしたものの、優勝にはほど遠い成績となった。

それだけに、新監督となった岡田にかかる期待は大きかったし、私も同じように考えていた。彼がオリックスの監督を退任して以降、食事やゴルフの席で顔を合わせることがたびたびあったが、2004年から2008年までの阪神の監督時代とは違って、ずいぶん人間的に丸くなっていた。それまでは、ひとりでふさぎがちになるようなこともあったのだが、フレンドリーで多くの人を引きつけてやまない「穏やかな大阪のおっさん」の姿がそこにはあった。

彼が監督になれば、いまの阪神のチーム内のムードを大きく変えてくれるかもしれない。少なくとも、私は野球評論家時代の岡田を見ていてそう感じていた。そうして、いざ岡田が阪神の監督に就任すると、自分のカラーを鮮明に打ち出していった。

岡田監督のタイガース改革①
メディアとOBへの対応

私が見たところ、岡田が監督になってから大きく変わった点が三つある。

一つ目は「メディアやプロ野球ＯＢに対する対応」だ。

２０２０年に突如として猛威をふるった新型コロナウイルスの影響で、12球団のいずれもがメディア対応から距離を置いた。「外部からウイルスが持ち込まれて首脳陣や選手に感染してしまったら、チームの根幹を揺るがすことになりかねない」というのがその理由だったが、そのおかげで、私たち野球解説者や報道陣は球場での取材からシャットアウトされた。

球場に行っても放送局の関係者とそこそこ打ち合わせをするだけで、グラウンドに降りることができない。そんなジレンマがあった。

スポーツ新聞やテレビ番組の企画で監督にインタビューできる機会が与えられた場合にかぎり、直接話すことが許された。ただし、それを実現させてもらえたのは巨人の原辰徳（はらたつのり）監督だけで、ほかの球団はコロナ対策を前面に出し、まともにインタビューすらさせてもらえなかった。

だが、岡田は監督になってほどなくして、私にこう言っていた。

「来年の春季キャンプを見ていてください。これまでとやり方を変えますから」

そうして、いざキャンプ地に足を運んでみると、首脳陣と選手の取材がＯＫになっていた。つまり、コロナ禍前の２０１９年のスタイルに戻したというわけだ。これには、私はもちろんのこと、野球解説者と報道陣のほぼ全員が救われたといっていい。

直接取材できないことは取材される側にとってメリットよりデメリットが多い。球団側としては取材対応のための手続きがないので、その分の手間がなくなるのが大きい。早い話、「面倒な仕事が省かれる」というわけだ。だが、取材できない分、目の前で起きている事柄について、あることないこと書かれてしまう。この点がじつにやっかいなのだ。

たとえば、春季キャンプの中盤で、Aという主力選手が一軍から二軍に移って練習をするとしよう。この選手は開幕から逆算して調整するために、自身のコンデイションのピークを3月下旬に持っていく目的で、この時期は走り込みや打ち込みといった基礎的な練習を多くしたいがために、首脳陣と話し合ってそうした措置を取ってもらったわけだ。

このことは当然、広報を通じて発表されるわけだが、取材ができない状況のままだと、「球団から出た情報は本当なのか」といぶかしがるメディアの関係者も出てくる。ひどいケースになると、「球団からはそう発表されたが、じつは膝の古傷が再発して開幕を無事迎えられない可能性が高い」などという、いわゆる「飛ばし記事」を書かれてしまうことが考えられる。

取材できないということは、球団にとっても、あることないこと書かれてしまうので、デメリットのほうがはるかに多いと考えても不思議ではないというわけだ。

岡田監督は、そのことを予測していたのだろう。あえてキャンプを取材させ、ありのままの状況をしかと見てもらい、首脳陣や選手から発せられる「生の声」を聞かせることで、そうした飛ばし記事を防ぎたいという思惑があったように感じる。

実際、取材をしてみて、阪神の現状が鮮明にわかった。投手陣の出来具合はどうなのか、主力打者はどれだけ調整が進んでいるのか、はたまた前年まで実績がなかった選手のなかで期待できるのは誰かなど、こと細かにわかったことは、取材するわれわれにとってもメリットのほうが大きかった。

2023年の開幕前の野球解説者によるシーズン予想では阪神を優勝に推す声が大きかった。それは阪神を推すことで関西の仕事にありつこうと思っていたわけではない（無論、そうした連中も一部にいることはいるのだが）。春季キャンプで阪神の選手をじっくり見ることができたからこそ客観的な予測ができたからである。その意味では岡田監督があえて「取材ＯＫ」を打ち出したことは大きかった。

岡田監督のタイガース改革②
「勝つための野球」を浸透

二つ目は「選手に対して勝つための野球を浸透させたこと」だ。前年までの阪神の野球はそれが感じられなかった。とくに矢野前監督時代の野球は、二軍であれば通用する野球、もっといえば、まるで少年野球かと思わせるような振る舞いも見せつけられた。

一例を挙げると、「1イニングの攻撃が3球で終わってもいいから積極的に振りなさい」ということである。「ファーストストライクを打て」という意味から来ているのだろうが、私にしてみれば、愚の骨頂である。たとえストライクでも、苦手なゾーンに投げ込まれたら凡打してしまうし、「ストライクだ」と思って振ったとしても、ボールゾーンに落ちる変化球を投げられて凡打に終わることだって十分にありうる。

それに、初球のファーストストライクを打ったとして、3人が3人とも凡打に終わってしまったら相手投手を楽にさせてしまう。たとえ「今日は球が走っていないな」と思って投げていたとしても、早打ちをしてくれることで、相手投手が精神的にゆとりができてしまうことはデメリットでしかない。

それより、「次はこの球を投げてくるに違いない」と相手バッテリーの配球を読みながら球数を多く投げさせるほうが間違いなく相手はいやに感じてくる。

私は投手をやっていたので、このあたりの心理はよくわかるのだが、早打ちしてくる打者が多いチームより、じっくりボールをよく見て待たれるほうが精神的にバテてくるものだ。それで試合の中盤から後半にかけて投げミスが増えてきて、結果的に痛打を食らう経験も幾度となくした。

だからこそ矢野前監督が提唱した「積極的に打ちにいく」という野球については、私は否定的だった。

それが、岡田監督になってからは、各打者がじっくり配球を読んで打ちにいっているケースが増えている。それが証拠に、一番を打つ近本光司(ちかもとこうじ)と二番を打つ中野拓夢(なかのたくむ)は2022年シーズンより四球が格段に増えている。これは一、二番を打つ打者の本来あるべき姿といっていい。

彼らが相手投手に球数を多く投げさせるということは、球種やボールのキレなどを見せることができるうえ、相手バッテリーがどういった配球を組み立ててくるのかを後ろを打つ打者に知らせることができる。これは勝てるチームに必要な要素のひとつといっていい。

聞けば、岡田監督は四球で出塁することも年俸査定でプラスに評価するよう球団に働きかけたという。つまり、打率だけでなく出塁率も大事だというのは当然のことだが、こうしたことが、これまで阪神でできていなかったのは、たんにそれまでの監督がやらせなかっただけで、「やればできる」ことを近本と中野が証明したにすぎないと私は見ている。

当たり前のことを当たり前にできるチームに

このほかにも、岡田が勝つために選手に言い続けた点がある。「当たり前のことを当たり前にできるようにしたこと」だ。

2023年7月22日、神宮球場のヤクルト戦でこんなことがあった。3点ビハインドの九回表、一死一、二塁という場面で、ライト越えの打球で二塁走者の大山悠輔が本塁に生還できずに三塁に止まってしまった。

この走塁に、岡田監督は「3点差で一、二塁でタッチアップ。初めて見たわ、オレ」と呆れたように言った。

大山は一度はハーフウェーに出たものの、捕球されそうになって、慌てて二塁に引き返した。だが、帰塁する途中で打球がライトの頭を越え、再び三塁に向かったので生還できなかった。大山の記録に残らないミスがなければ、2点差でなお二、三塁と、イケイケドンドンの雰囲気だった。そのまま試合を引っくり返すことができたというのが岡田監督の言い分だ。

これが矢野前監督だったら「積極的にプレーした結果だから、オレは責めない」と発言していたはずだ。たしかに、二軍の試合だったらそうした考えでもいい。積極果敢にプレーさせることで、成功と失敗の両方を体験させ、次につなげていくという姿勢は、ないよりあったほうがいい。

私も東映フライヤーズ（現・北海道日本ハムファイターズ）に入団した1年目、二軍で連日のように試合で投げていたとき、相手打者の懐を突いて死球を当てるようなことがあっても、それで外角に逃げるということはしなかった。

ぶつけても次の打者にまた内角、さらに当てても内角にどんどん投げ込んでいくうちに、「このあたりでボールを放せば、内角にストライクが投げられるようになる」というのを体感的に覚えていった。

もちろん、当ててしまった打者には申し訳ない気持ちはあったが、それはそれ、これはこれ、というわけである。

だが、一軍の試合では未熟なプレーは許されない。もし二軍のような技術が覚束ないプレーをするようなら、首脳陣から「もう一度、二軍で鍛えてきなさい」と言い渡されてしまう。

大山は一軍でレギュラーとして常時、試合に出なければならない立場であったからこそ、岡田監督はあえて苦言を呈したかたちになったわけだが、同時に「できて当たり前のプレーができない」という現実に、岡田監督のなかで少なからずショックはあったように思う。

岡田監督のタイガース改革③
「兄貴と弟」から「親父と息子」に

三つ目は「岡田監督と選手の関係は親父と息子である」ということだ。じつは岡田が監督になったことで、いちばん大きいのはこの点だと、私は声を大にして言いたい。

岡田のいまの年齢からすると、選手たちから見れば、実の親以上の年齢差があり、選手によっては「おじいちゃんと孫」ほどの年齢差があるかもしれない。けれども、仮にそうであったとしても、岡田監督から発せられる雰囲気は「怒ると怖いオヤジ」そのものだ。

もちろん、岡田は、かつての星野仙一さんのように選手に対して鉄拳制裁を振るうようなこともしなければ、野村克也さんのように選手に対してボヤくようなこともしない。あくまでも雰囲気だけ「怖いオヤジ」であるということだ。

だが、そのことによって、ベンチ内の雰囲気は一定の緊張感が保たれ、だらけるようなことがない。たとえ劣勢でも、試合終盤に見せ場をつくることが2022年シーズンまでより増えたのは、こうしたことと関係しているように思える。

それでは、2022年までの矢野前監督のときはどうだったのか。それは「兄貴と弟」のような雰囲気だった。

一般的な兄弟の関係であれば、「仲よく支え合う」ほうが微笑ましいし、理想ではあるだろうが、それはあくまでも血縁関係の兄弟間でのことで、勝負の世界では兄弟の絆や情を持つことほど不要なものはない。

たとえば、エラーをした選手がベンチに戻ってきたとき、ベンチ内の雰囲気が、

「まあまあ、いまのはしゃーないわな」

「次、しっかり守っていこうや」

という雰囲気になってしまったら、間違いなく次も似たようなミスをやらかす可能性が高い。これでは戦いに挑む集団としては失格である。

ベンチ内は試合に出ているライバル選手との争いを制する場である。同じポジションを守る控え選手にとって、レギュラーの選手がエラーをすれば、熾烈なヤジを飛ばして当たり前。指導しているコーチにしてみれば、「なんべん言うとんじゃ、アホ！」と厳しく叱

責したっておかしな話ではない。

ところが、2022年シーズンまでの阪神はそうした雰囲気に欠けていた。ここ一番の勝負どころで致命的なエラーが出ていたのは、「いまのはしょうがない」という甘さがあったように思えてならなかった。それを引き起こした最大の要因が監督と選手が「兄貴と弟」だったからというわけだ。その結果、5年連続で失策数がリーグ最多だった。

兄弟間で野球をやっていれば、少々出来が悪い弟であったとしても、「いまのが捕れないのか。まあしょうがないか」と思うこともあるはずだ。だが、プロ野球の一軍の試合でそれをやってしまうと「情」になってしまう。

本来であれば、ミスした選手のプレーは一軍レベルではないので、いったん二軍に落として鍛え直さなくてはならないのに、情が入ってしまうことで、なかなか二軍に落とせずにいる。そうなると、5連敗、6連敗と大型連敗という負のスパイラルに陥ったときに選手に対して非情になれなくなってしまう。プロの世界で監督と選手が兄弟のような間柄で野球をやると、デメリットしかない。

私は「エモやんの、人生ふら〜りツマミグイ」というYouTube番組を持っており、そこに招いた多くの野球人に話を聞いて感じたことは、優勝するには監督と選手が「親父と息子のような間柄でなくてはならない」ということだった。

かつて広島カープで黄金時代を築いた髙橋慶彦は、当時の監督だった古葉竹識さんとの関係がまさに親父と息子だったという。大野豊も別のYouTube番組で同じことを言っていた。また、西武ライオンズ（現・埼玉西武ライオンズ）の黄金時代の一翼を担っていた東尾修は、監督を務めていた広岡達朗さんや森祇晶さんとの関係を髙橋や大野らと同様に語っていた。

このことに気づいた私は、あらためて岡田監督と選手の関係を見ていると、まさにこれに当てはまっていることがわかった。

いまの時代、岡田のような監督は若い人から見れば「うざい」「時代にそぐわない」と感じるかもしれないが、勝てる組織とは、決して兄弟のような関係ではなく、親父と息子の姿が理想だと、みなさんに伝えておきたい。

平田勝男ヘッドコーチの重要な役割とは

岡田監督と平田勝男ヘッドコーチの姿を見て「この二人は連携が取れているのか」と見

る人もいるかもしれないが、私はまったく心配していない。

平田は阪神の二軍監督時代は熱血漢で知られていたが、選手間では人当たりが柔らかく、信頼されていたし、いったんユニホームを脱げば、気のいいおっちゃんそのものだった。

母校である明治大学の先輩である星野さんがかつて阪神の監督を務めていたときにはマネージャーとして裏方の役割に徹していたこともあれば、２００４年から岡田が監督になったときには今回と同様にヘッドコーチとして重要な役割を果たしていた。

岡田とは大学は違えども同じ東京六大学野球を経験してきた間柄であるし、人間関係はしっかりしている。

それ以上に平田が果たしてくれた重大な功績がある。それは、村上頌樹、才木浩人、大竹耕太郎という3人の投手を見いだしたことである。

村上は高校時代の２０１６年春のセンバツ（選抜高等学校野球大会）で智辯学園で優勝投手に輝いているうえ、東都六大学の東洋大学でも日本代表に選ばれるなどの実績を残し、２０２０年のドラフト5位で阪神に入団。２年間の一軍での登板はわずか2試合だけだったが、２０２２年は二軍で最優秀防御率、最高勝率の投手2冠を獲得、奪三振74はウエスタン・リーグで最多だった。

このとき二軍監督だったのが平田である。一軍ではまだ実績を残していなかったものの、「一軍で通用する力がある」と評価していたはずだ。

その結果、2023年4月12日の東京ドームでの巨人戦で七回まで無安打無四球の完全試合ペースの好投をし、岡田監督以下一軍首脳陣から最大級の評価を得た。開幕からの連続無失点31イニングというのはセ・リーグ最多記録となり、オールスターにも選出された。

才木は2016年のドラフト3位で阪神に入団し、1年目から3年目まで一軍で登板したものの、2020年11月に右ひじの手術をし、2021年、2022年は一軍での登板機会がなかった。それが2023年になって活躍したのは、本人の懸命なリハビリもあったが、二軍監督だった平田がじっくりチェックしていたことが考えられる。

最後に大竹である。彼は球界初となる現役ドラフトによって福岡ソフトバンクホークスから移籍してきたが、これも平田が二軍監督時代に大竹のピッチングを敵ながら観察していて、「セ・リーグに来たらおもしろい」と考えていたとしてもおかしくない。

パ・リーグはブンブン振り回す打者が多いのに比べ、セ・リーグは全体的にコンパクトに対応する打者が多い。つまり、駆け引きで勝負するセ・リーグのほうが彼に向いていると見ていたからこそ、平田が進言し、岡田監督が指名したとしても不思議な話ではない。

もし、この3人がいなければ、阪神はBクラスをさまよっていたはずである。エース格と見られていた青柳晃洋、西勇輝がこぞって不振になった2023年シーズンを見るにつけ、その思いを強く抱くのは、私だけではないはずだ。

また、二軍監督として阪神の若手選手、さらにライバルとなる対戦相手の選手を見続けていた平田の存在が岡田阪神にとってなくてはならない存在であることは言うまでもない。

若手選手の「阪神病」を絶対に許さない

一方で、開幕前の高い評価に応えられなかった選手がいる。その筆頭格が第5回ワールド・ベースボール・クラシック（WBC）にも選出された湯浅京己である。

湯浅は2022年に最優秀中継ぎのタイトルを獲得したものの、もともと故障が多い選手だった。それがわずか1年大ブレークしたことで、「今年の抑えは湯浅で決まり」と気の早いメディアはこぞって持ち上げた。

そこにきてWBC選出である。聖光学院時代は控えで、独立リーグ出身の彼をまるで時代のヒーローであるかのような評価をしたことで、湯浅は「オレはすごい」と半ば勘違いしてしまったところがある。

それを象徴する出来事が6月3日の甲子園での千葉ロッテマリーンズ戦で起こった。3点リードの九回に登板するも、先頭打者のショートゴロをエラーという不運なかたちで出塁させると、一死一、二塁から連続タイムリーを打たれて同点に追いつかれた。後続はなんとか抑えたものの、湯浅はマウンドから降りる際に帽子をグラウンドに叩きつけた。

私はこの光景を見て即座に「10年早い」と思った。もちろん、ほめられた行為ではないし、「やるならベンチ裏でやれ」と言いたいところだ。

だが、それ以上に、「たかだか1年活躍した程度で天狗になるな」という気持ちのほうが強かった。

プロの世界で1年だけ活躍した選手はゴマンといる。だが、難しいのは、2年、3年、5年と継続して結果を残せることだ。それができて初めて一軍選手として認められる。

だが、湯浅本人は、残念ながら自身が「青二才の選手である」という自覚が足りなかった。おそらく中継ぎのタイトルを獲得してWBCに選出されたことで、「オレは一流選手の仲間入りを果たした」と大きな勘違いをしてしまったのだろう。

そこにきて、阪神というチームカラーもある。ポッと出でも活躍すればタニマチ（選手についている個人スポンサー）からチヤホヤされ、謙虚さを失って、少しずつ傲慢な考え方になっていき、コーチのアドバイスに耳を傾けなくなってしまう。

これを私は「阪神病」と呼んでいるのだが、かつては藤浪晋太郎（現ボルチモア・オリオールズ）もこの病にかかっていたし、ほかにも名前を挙げれば枚挙にいとまがない。

さらに、いまはネットニュースで好投が取り上げられれば、応援しているファンから最大級の賛辞が飛び交う。これに選手本人の勘違いが拍車をかけてしまっているところも多大にある。本当に困った話であるのだが、こうした状況に陥った湯浅を許さなかったのが岡田監督だ。

当初は湯浅が打たれても擁護するコメントをしていたが、6月15日の京セラドームのオリックス戦で湯浅が同点、さらには逆転弾を浴びると、岡田監督は「もう投げさせへんよ」と彼の二軍行きを決めた。これは致し方ないことである。

繰り返すが、何度も何度も同じ失敗をしているような選手は一軍にはいらない。これが矢野前監督だったら中継ぎに配置転換して再起を図ったのかもしれないが、岡田監督はあくまでも湯浅を「抑え」として見ていたからこそ「力不足による二軍落ち」を決めたのだ。

ただ、私は湯浅にとって「プロは甘くないところだぞ」ということを知るきっかけになったという意味では、いい薬になったと思っている。この先の野球人生で、いまの苦境を生かせるかどうかは湯浅本人にかかっているが、私は、どうにかして湯浅本人が乗り越えられるものだと信じている。

悩める藤浪晋太郎は、なぜメジャーで復活の兆しを見せたのか

湯浅同様、「阪神病」にかかっていた藤浪晋太郎は、ポスティングで2023年のシーズンからメジャーに移籍したが、私はこれでよかったと思っている。藤浪本人のプライドが保たれるうえ、阪神にもポスティングによるお金が当初の移籍先であったオークランド・アスレチックスから入ってきたのだから、両者ともにWIN-WINとなった。

そうして移籍したメジャーでの藤浪であるが、「まあ、こんなもんだろう」というのが私の率直な感想である。

球のキレはすばらしいものの、捕手が構えたところに行かないどころか、四死球を連発しては痛打される。藤浪のあまりの乱調ぶりに、アメリカの一部のメディアから「投げる国際問題」などと揶揄(やゆ)されたときには、「おもしろいことを思いつくものだな」と違った

意味で感心していたものだ。

それが6月以降は改善され、勝利の方程式を担うようになった。もともとアスレチックスは、優勝はおろかワイルドカードに入る目すらなく、ぶっち切りの最下位だったから、あれやこれや、いろいろなことが試すことができたというのも、彼には追い風になった。

私は以前からずっと、藤浪にアドバイスをするなら、こう言えばいいと考えていた。

「四球を四つ出したって1点で済む。お前さんの球威とキレがあれば、そう簡単に打たれっこない。コントロールがどうとか、いっさい考えずに、ミットだけ見て、思い切り腕を振って投げるんだ」

藤浪は高校時代、甲子園で春夏連続優勝を果たして鳴り物入りでプロの世界に飛び込み、いきなり新人王を獲得。入団3年目まで順調にローテーションの一角を任されていただけに、高いレベルの技術を求めがちになるのだが、それが原因で、かつてのポテンシャルが失われてしまったのであれば、一心不乱に投げさせることだけを考えればいい。私はそう見ていた。

もちろん、メジャーの投手コーチが彼にどんなアドバイスをしたのかまでは知らない。けれども、何かとピッチングについて難しく考えがちだった藤浪に対し、「もっとシンプルに考えろ」とアドバイスを送ったって不思議な話ではない。

それに、日本ではコーチや球界のOBが言うことに耳を傾けなかった藤浪ではあったが、アメリカに来て、いよいよ通用しないことがわかれば、居場所がなくなる。「ダメだったときは、日本に戻ってきてやればいい」と考える人もいるかもしれないが、彼のプライドを考えれば、「日本に戻ること＝メジャーで通用しなかった」というレッテルを貼られると思って、屈辱に感じるに違いない。

藤浪は7月にアスレチックスからボルチモア・オリオールズへと移籍した。オリオールズは優勝争いをしているチームだ。そのチームに6月から急変貌した藤浪が必要だと言われての移籍なのだから、言うなれば栄転である。

この先も好投する日もあれば、コントロールを乱して四死球を連発したり、打たれたりする日もあるだろう。けれども、藤浪がメジャーでどれだけ通用するのか、この目でしかと見届けたい。

岡田監督が「助っ人」外国人をほぼ総入れ替えした理由

一方で、日本に来ている外国人選手はもの足りなさばかりが目立つ。これは阪神とて例外ではない。

投手に目を向ければ、ブライアン・ケラー（以下B・ケラー）、ジェレミー・ビーズリー、打者はヨハン・ミエセス、シェルドン・ノイジーの4人の新外国人を春季キャンプ時点で獲得したものの、B・ケラーは一軍登板がないまま帰国。ビーズリーは起用法が一定せず、ミエセス、ノイジーはもはや助っ人と呼ぶにはもの足りなすぎる打撃成績である。

「ノイジーは守備がいいじゃないか」という一部のファンの声も聞かれるが、外国人選手は打ってなんぼである。「助っ人」というのであれば、「チームを助けてくれる人」でなくてはならないはずなのに、「いつ助けてくれたの？」と、こちらが聞きたくなるほどの体たらくぶりだ。

けれども、これはしかたがない。いまのメジャーは大谷翔平（ロサンゼルス・エンゼルス）やダルビッシュ有（サンディエゴ・パドレス）と同じステージでプレーしている選手は走攻守どれを取っても一流と呼べるほどの実力があるが、その下のトリプルエー（3A）クラスの選手になると、走攻守のうちどれか二つそろっていればいいというレベルの選手が多い。つまり、そのレベルの選手が日本にやってくるというわけだ。

昔は違った。それこそ、近いところでは2000年代、2010年代はタイトル争いに外国人選手が加わるのが常だった。けれども、2020年代、とりわけ新型コロナウイルス禍を境に状況が変わった。

昔のように走攻守そろった、あるいは打撃が滅法すごく、一芸に秀でた外国人選手を獲得するのは至難の業となっていると考えたほうがいい。つまり、外国人選手は助っ人ではなく、「一選手」として見るべきなのだ。

そうなると、「だったら、日本人選手を優先的に使ったほうがいい」となってしまうのだが、それが現実である。

たとえば、ソフトバンクは2022年シーズン限りで契約を打ち切ったアルフレド・デスパイネの再獲得を2023年6月13日に発表。その後、来日し、シーズン途中から戦列に加わる事態となった。こうなったのも、新たに獲得した新外国人が期待どおりの活躍をしてくれなかったがための苦肉の策であるとしかいいようがない。

実際、阪神の岡田監督は、外国人選手にはあまり期待していなかったフシがある。春季キャンプのときに、なかなかブルペンで投げ込みをしなかったB・ケラーを見て、「いまのままじゃ誰が見てもしんどいわな。日本の野球をなめたらアカンよな、おーん」そう断言していた。シーズンに入ってからも状態が上がらず、「アイツ、なんやねん」と岡田監督が半ばさじを投げるありさま。これでは通用するはずもない。B・ケラーは結果的にシーズン途中で自由契約となったが、これは当然の措置だった。

どこのチームも、開幕時のスタメンで半年もの長丁場のシーズンを乗り切れるわけがない。どんな選手もそうだが、ケガや不調などのアクシデントで泣く泣くリタイアしてしまうケースだってある。

そのときに、助っ人外国人がこれまでどおりに活躍してくれたら、現場を預かる首脳陣もありがたく感じるはずだが、「えっ、この程度のプレーしかできないの？」という外国人選手が、日本のプロ野球には多くなってしまっているのが現状だ。

だからこそ思う。いっそのこと、この先、有望な外国人選手を獲得しようとするのはあきらめて、日本人選手を鍛えて主力に育て上げるほうが、長い目で見たら、長く一軍の戦力として活躍してくれるのではないだろうか。

繰り返すが、外国人を「助っ人」として期待する時代はもう終わった。「当たったら儲(もう)けもの」などとは考えずに、日本人選手を中心に、地に足をつけた堅実な選手起用を考えるべき時代に入ったと、私は思うのである。

「豆腐メンタル」ではプロ野球選手とはいえない

それにしても――あえて言わせてもらうが、いまの選手にはひとつ、大きな不満がある。それは何かにつけて「泣きすぎる」ことである。

打たれたら泣き、三振に打ち取られたら泣く。「いったい、いつからプロ野球は少年野球のようになってしまったんだ」と開いた口がふさがらない。

2023年6月5日の甲子園でのロッテ戦ではこんなことがあった。2点リードの7回に浜地真澄(はまちますみ)が登板するも、一死一、二塁という状況になり、逆転本塁打を打たれた。浜地はその瞬間、思わずしゃがみ込んでしまった――ここまではよくわかる。私もこういう経験をしたことは何度もあるからだ。

問題はこのあとである。岡田監督が投手の交代を告げると、浜地は涙を流しながらマウンドを降り、ベンチに戻っても泣き続けたというのだ。

私たちの時代のプロ野球では、こんなことは考えられなかった。打たれて交代させられてマウンドから降りれば、ただただ屈辱しか残らなかったが、「次は見ておれ」と闘志を内に秘めていたものだ。

けれども、いまは違う。打たれてマウンドから降りると泣いてしまうなんて、プロの世界では考えられないことが目の前で起きていることに驚くばかりだ。

あえて苦言を呈するが、これは観戦しているお客さんにも問題があると見ている。投手が打たれて降板するときにも拍手をする。これがいまの選手をダメにしていることに気づいていないからだ。

本来であれば、打たれてマウンドから降りるのだから、「バカヤロー」の罵声の一つや二つあったっていい。そうした屈辱にまみれさせることで、「次は見ておれ」というエネルギーに転換することができる。それが、やがて投手としてのメンタルが鍛えられていくことにつながるのだ。

だが、打たれて降板するときにスタンドから拍手をする行為は、「ボクちゃん、よくやったね」という少年野球のような雰囲気をつくりだす。それが人間的な弱さを露呈させ、ひいては投手として必要なタフなメンタリティをつくりあげることを阻害していることに気づいていない人が多い。

こう言うと、「江本（えもと）は古い人間だから」と言う人もいるかもしれないが、これは新しい、古いという問題ではない。プロフェッショナルとして必要なメンタル面のタフさを鍛えることが拍手によって妨げられていることに気づいてほしいから言っているのだ。

7月28日の甲子園での広島戦で浜地のケースと同様のことが起きた。「六番・ライト」でスタメンで出場した前川右京（まえがわうきょう）が、広島投手陣の前に3打席連続三振を食らうと、ベンチで泣いていたというのだ。

このことを試合後のインタビューで聞かされた岡田監督は、

「そんなんで泣いてたらアカンやろ。それは汗やろ、暑いから」

と苦笑いしたというが、涙を汗とでも言っておかなければ、プロ野球選手として恥ずかしいという思いが、岡田監督のなかにあったように思えてならない。

「泣くくらいなら、もっと練習せえよ」と言いたくなるのだが、その要因をつくっているのは、ほかでもない、お客さんにもあるのだということを、私はあえてこの場で申し上げておきたい。

二軍落ちも経験した 佐藤輝明の「二つの欠点」

ルーキーイヤーから見続けてきて、野球がヘタクソになったように見えてしかたがないのが佐藤輝明である。

1年目の２０２１年シーズンは、たしかに強烈な印象を残した。この年は東京オリンピックがあって、8月に入るとプロ野球が中断することが決まっていたが、それまでのあいだで本塁打を20本打ち、後半に入ると田淵幸一さんの新人本塁打記録を抜く24本を打った。「このままいけば、掛布雅之以来の生え抜きのホームランバッターが誕生する」と期待したファンはさぞかし多かっただろうし、私も佐藤輝がこの先どう成長していくのか期待していた。

だが、2年目、3年目の成績を見ると、思ったほど成長していない。それどころか、むしろ退化した面もあるんじゃないかと疑問を持たれるファンもいるに違いない（表1）。

私が見るかぎり、佐藤輝の欠点は二つある。ひとつは、「相手バッテリーの配球を読んで打つことが苦手」だということだ。

表1｜阪神・佐藤輝明の打撃成績（2023年8月18日現在）

年度	打率	本塁打	打点	三振
2021	.238	24	64	173
2022	.264	20	84	137
2023	.228	13	56	104

ここでいう「配球の読み」とは捕手の配球の傾向やその日の球場の広さ、屋外であれば風の強さや向き、投手の力量、得点差、イニングは序盤なのか中盤なのか終盤なのか、などのデータをあらかじめ分析し、「今度はこの球種で攻めてくるはずだ」とバッターボックス内で自分なりに考察して打っていくことである。

これは一朝一夕にはできるものではない。相手捕手との化かし合いのなかで考えるスキルを高め、確率を高めていく必要がある。とくにシンプルな力勝負が多いパ・リーグでは、次に投げてくるであろうコースと球種にヤマを張りやすいが、変化球を駆使してバッターを打ち取る傾向が高いセ・リーグでは次に投げてくるであろうコース以上に豊富にある球種に頭をめぐらせなければならない。

横に曲がり落ちるスライダー、縦にスッと落ちるフォークボール、バッターのタイミングをずらすチェンジアップ、バッターの打ち気を逸らすスローカーブなど、これらのボールを、いつ、どのタイミングで投げてくるか、研究に研究を積み重ねていく必要がある。

1年目はその素材力を生かして「来たボールを打つ」ことだけをやっていたように思える。だが、それはそれでいい。プロの世界のイロハもわからない若者に、打てるようになってほしいと、あれこれアドバイスしてしまうことで、かえってダメになってしまうこともあるからだ。1年目は自由に打たせ、2年目以降は課題に取り組んで、一歩、また一歩、前に進んでいく。そうして成長していった先に一流のプロ野球選手になっていくことができるのだ。

だが、配球の読みを加えた打撃をすることで、佐藤輝本来のよさである思い切りが失われてしまった。「次はこのボール、いや、この変化球を投げてくるかな」という打席上での迷いが生じて思い切り打てなくなっているのであれば、打撃コーチがその不安を取り除けばいい。

だが、佐藤輝の状態を見ていると、どうも、いまひとつ、殻を破り切れないでいる。首脳陣は佐藤輝の現状をもどかしく感じているに違いない。

もうひとつの欠点は「体力がない」こと。じつは、これは致命的な欠点である。

2022年シーズンかぎりで現役を引退した糸井嘉男（いといよしお）が、佐藤輝にエールを送ってほしいというメディアの要望に対し、「もっと練習せえよ」と言っていたが、裏を返せば、佐藤輝は阪神に入団して以降、ハードな練習をせずに今日にいたったのだろう。

佐藤輝の体力のなさは岡田監督も気にしていた。就任直後の2022年の秋季キャンプで背中の張りを訴えてリタイアした佐藤輝に対して、

「みんな元気であんだけ（ノック）受けてんのに、そこでリタイアするということやろ。だからな、おまえ、ノックのときに数も受けられないということやんか。（中略）プロ野球選手である以上は、みんな練習できると思うやん。そんなん、普通やろ。それでできんねんなあ。できないんやったら、ちょっとおかしいよな。2年間やってきてなあ」

と苦言を呈していたが、シーズンに入っても改善される様子が見られなかった。オールスター前に佐藤輝を二軍に落としたのも、たんに不振だったからという理由だけでなく、「もっと汗流して練習せえよ」という岡田監督のメッセージだったように思える。

佐藤輝はこの先、少なくとも10年は阪神の主軸として活躍してほしい選手だ。それゆえ

に厳しめのコメントが多くなるのだが、技術を追求するのはもちろんのこと、土台となる体力の向上にも目を向け、首脳陣をもっと安心させてもらいたいものだ。

阪神優勝への壁①・巨人
17年目を迎えた原辰徳監督の功罪

一方で、阪神のライバルである巨人は厳しい戦いが続いている。とにかく勝ち切れない。相手チームが巨人を崩したというより、巨人のほうから勝手に崩れていったという傾向が、ここ最近は顕著に表れている。

2023年シーズンは開幕して2カ月間は中継ぎ投手陣が炎上した。先発投手が降板したあとの防御率は12球団ワーストとなる4点台を記録し、目を覆いたくなる惨状だった。

加えて、主力選手が過渡期に入った。大黒柱としてチームを支えてきた菅野智之、打者の坂本勇人（内野手）、丸佳浩、中田翔らが30代半ばとなり、シーズンを通してローテーションを守る、あるいはフル出場することが難しくなってきた。それゆえに若手を起用するしかないのだが、それが結果的に勝ちに結びつかない試合が多くなった。

この点は原監督ももどかしいだろうし、批判の的が原監督の采配に集まりがちだ。

原監督の強みは、「外からどんなに批判されてもへこたれないメンタルを持っている」ことである。たとえ勝っても批判の的になってしまう巨人というチームにおいて、この強さは何ものにも代えがたいほど大きい。

原監督がこれだけの強さを身につけられるきっかけになったのは、２００３年秋に監督を辞任したころからだと私は見ている。当時の渡邉恒雄オーナー、新監督に決まった堀内恒夫と３人で記者会見に臨み、渡邉オーナーから「これは読売グループ内の人事異動だ」とまで言われた。

監督１年目となる前年（２００２年）にリーグ優勝と日本一を果たしながら、この年は３位となって優勝を逃すかたちとなったが、大黒柱だった松井秀喜がフリーエージェント（ＦＡ）宣言でニューヨーク・ヤンキースに移籍し、巨人は戦力的に落ちると見られていた。原監督としては精いっぱい戦うことができたと自負していたはずだ。

けれども、結果は原監督の思惑と大きく違った。原監督を退陣させ、新たな巨人をつくりあげていこうと渡邉オーナーを中心としたフロントは考えていたのだが、原監督にしてみれば、「監督失格」の烙印を押されたと受け取ったに違いない。まさに屈辱以外の何ものでもなかったわけだ。

その後の2年間、原監督は勉強に勉強を重ね、さまざまな分野の本を読みあさっていた。とくに『三国志（さんごくし）』のように過去の歴史の偉人から学び取ることが大きかったと、のちに話していたこともあったが、なかでも軍隊を率いる将にとって「情」と「非情」を使い分けることの重要性を心底学んだとも言っていた。

原監督は、時として非情の采配を見せることがある。「勝つためには手段を選ばない」と言うと、きつい言い方に聞こえるかもしれないが、同時に「勝つことで選手たちが報われる」ことも知っている。チームの中心選手である坂本に送りバントのサインを出したり、先発投手を勝利投手の権利がかかった五回途中で交代させるなんていう采配も、しばしば見受けられた。

だが、私はどれもこれも間違っていないと考えている。攻撃面でいえば、得点を奪う確率を高める采配をしているわけだし、守備面でいえば、失点をかぎりなく少なくするための采配をしているからだ。その点は選手たちも理解しているように思える。２００７年から２００９年、２０１２年から２０１４年の2度の3連覇、さらに２０１９年、２０２０年と連覇できた裏には、「情」と「非情」を使い分けた采配が振るえたことも大きかったのだ。

一方で、原監督の采配で気になるのは、試合終盤に定着し始めた「マシンガン継投」である。六回あたりから、これでもか、これでもかといわんばかりに次々と投手を交代させ、当初は一時的にしのぐだけかと思いきや、ここ数年は、勝負どころの夏場を迎えるとやってくることが多くなった。

だが、1年だけでなく、2年、3年と長い目で見ると、中継ぎ投手を疲弊させるだけでなく、つぶしてしまう可能性も高まってくる。この点を改善して安定した投手起用を行わなければ、巨人の未来は暗いものになってしまうと危惧している。

半面、明るい兆しもある。野手に目を向けると、秋広優人（あきひろゆうと）、門脇誠（かどわきまこと）、中山礼都（なかやまらいと）といったイキのいい若手が出てきた。彼らが坂本や中田らに取って代わってレギュラーになるときが来たとき、巨人は再び常勝への道を突き進むことができる。そう期待して、この先も注目していきたい。

菅野智之が陥った
天才ゆえの「落とし穴」

ここ数年の巨人にとって最大の誤算は菅野の不振である。球速は140キロ台中盤、五

回もたずに早々にノックアウトを食らうシーンも幾度となく見てきた。彼の最大の武器はストレートを軸にコーナーに投げ分けるコントロールと、どの球種でも打ち取れる変化球にある。そのどれもがダメになってしまった。

一部のファンからは「長年の勤続疲労によるものだ」と指摘する声も出ているが、私はそうは見ていない。むしろ、天才にありがちな「楽を覚えてしまったことによる経年劣化」だと考えている。

近年の野球界において菅野は5本の指に入る天才投手であることは間違いない。かつて沢村賞を受賞していたころは登板すれば勝つ、あるいは勝たなくても7～8イニングスを1～2失点に抑えることが当然とされてきた。どんなにチームに負けが込んでも、「菅野が投げればなんとかなる」と巨人の首脳陣は思ったはずだ。

しかし、いまは違う。残念ながら、菅野が登板するときは悲壮感にあふれ、「また打たれるんじゃないか」「五回ももたないんじゃないか」という不安のほうが先走るなど、数年前までは考えられなかった状況だ。

そう強くいえてしまう要因として、菅野の体型を見てほしい。投手とは思えないほど体が大きくなってしまっている。はっきりいってしまえば太りすぎだ。想像するに、自分を追い込むような走り込みをしていなかったのだろうし、「これまで抑えてこられたんだから、どうにかなる」と楽観していた部分もあったのだろう。

いま、球界で大活躍している投手、たとえばオリックスの山本由伸（やまもとよしのぶ）や山下舜平大（やましたしゅんぺいた）らの体型を見てみれば一目瞭然だが、彼らはスラッとしていて、体が横に大きくなることなどない。「長いイニングを投げる先発投手」の理想的な体型を誇っている。

一方、菅野はどうだろう。彼らと正反対の体型だ。天才型の投手の悲劇とでもいうべきか、太ったことで、それまで持っていた長所を失ってしまったように見える。

ここでいう天才型の投手は努力型のタイプとは違って、はじめから天才の部分の貯金ができている。たとえば、努力型のタイプが１００メートルダッシュを10本やって下半身を強化するところを、天才型の投手はその半分の本数ですんでしまうように、とことん追い込まなくても、それなりの力がついているわけだ。

しかし、その能力は年齢を重ねるごとに徐々に落ちていく。若いころは特別な努力をしなくても、若さという特権だけで十分通用していても、30歳を超えてくるとそうはいかない。「あれっ、おかしいな?」「いままでできていたことが、どうしてできなくなってしまったんだろう?」と考え始めるようになり、いままでどおりの結果が出なくなってくる、という構図になってしまう。

いま、菅野が1年でも長く現役を続けるためにやらなければならないことは、「とことん自分を追い込んで鍛え込むこと」である。それさえできれば、まだまだやれる選手だ。そう思えてしかたがない。

唯一救いなのは、菅野が不在の時期も、一軍のボーダーライン上にいる若手投手たちがメキメキ力をつけてきたことで、チームとしての地力がついてきたことだ。だからこそ、菅野が謙虚に自分を見つめ直し、地道なトレーニングを積んで、再び全盛期の輝きを取り戻すことができたとき、巨人のさらなる飛躍が見えてくるのではないか――私はそう考えている。

阪神優勝への壁②・広島 新井貴浩監督が持つ「最大の強み」

広島が大方の予想を覆し、安定した戦い方を見せている。チームを率いる監督の新井貴浩(あらいたかひろ)は、就任1年目ながら、ベテランと若手選手、さらには移籍してきた選手をうまく起用しているのが印象的だ。

新井は監督に就任して以降、自分が現役時代に積み重ねてきたような猛練習を選手たちに課すようなことはしなかった。新井監督は「自分の経験は伝えても、決してそれを押しつけないようにすること」を指導方針のひとつに掲げている。

2022年の秋季キャンプでは、こんなことがあった。広島の名物メニューとなっている練習の最後に行う「坂道ダッシュ」。途中から見守っていた新井監督が「何本やっているの？」と聞くと、選手からの「3本です」という答えに驚いた。なぜなら、新井監督が現役時代のときには50本走っていたからだ。

新井監督は選手たちにこう伝えた。

「あくまでも参考だけど、オレは50本を毎日走っていたよ」

その後、すぐにその場から離れたのだが、選手たちはノルマの3本で終えてしまった。けれども、新井監督はそれ以上、強制することはしなかった。

「自分の若いときと、いまの若い選手とでは、練習に対する目的意識も考え方も違う」

「こういうやり方もあるよ」と伝え、あとは選手の判断に任せる。新井監督は指導者からの一方的に押しつけるような指導は違うと考えていた。

シーズンに入ってからは選手を責めるような発言をいっさいしていない。

「チームがダメなら自分が非難を浴びればいい。ボロクソに言われるのは慣れている」

新井監督は監督就任時からその覚悟を持っていた。

新井がFA宣言で阪神に移籍した晩年、チャンスで打席が回ってくると併殺打を多く打つ場面がたびたびあった。一部の心ない阪神ファンから「5-4-3は新井の代名詞」などと揶揄された時期もあった。

そうした苦難の時期も経験しているだけに、選手の苦悩もよく理解できる。だからこそ、「自分がみんなの防波堤となる」気概を持って指揮にあたっているのだろう。

新井監督は選手に対してこんな話をしていた。

「チームの成績が悪い、勝てないときに、どんな行動をして、どんな発言するのか。そのときに人間の本性が出るものなんだよ」

これは何も選手だけではなく、監督も含めた首脳陣も同じだと新井監督は考えていた。試合での失敗を「こうしなかったからだ」「もっとこうすべきだ」などメディアを通じて選手を責めるようなことは、いっさい言わない。

新井監督は現役時代、天才と呼べるような選手ではなかった。努力に努力を積み重ねた結果、2000安打を放つ選手へと成長し、名球会入りを果たした。誰より苦労して技術をモノにしたからこそ、うまくいかない選手の気持ちを理解し、寄り添おうとする心があるのだろう。

決して感情的にならず、冷静かつ、つねに前を向いて選手を試合に送り出して采配を振るう。新井監督はいまの選手の気質にマッチしている指揮官であることは間違いない。

ただ、こうも思う。新井監督と選手の関係は、前に書いた「兄貴と弟」そのものだ。果たして、こうした関係で長続きするのかどうか。1年、2年はいいにしても、3年以上たったときに、選手から甘えや妥協の感情が湧いてこなければいいのだが——などと穿(うが)った見方をしてしまう。

その意味においても、広島のこれからの戦いに注目してきたい。

阪神優勝への壁③・DeNA バウアーの「プロ根性」がチームを変える

サイ・ヤング賞を獲得した元メジャーリーガーというより、「日本人以上に日本人の心を持った選手」という印象が強いのが、2023年シーズンから横浜DeNAベイスターズに加入したトレバー・バウアーである。

とにかく謙虚で勉強家。そのうえサービス精神が強い。アメリカでプライベートの問題を起こしたことが理由で日本に来ることになったわけだが、結果を残そうと、必死に練習から試合に臨む姿勢はすばらしい。

それに加え、「中4日での登板を志願している」点も評価できる。「連戦続きのメジャーなら当たり前だったからだろう」という声もあるかもしれないが、日本の先発投手は週1回の登板、つまり中6日のローテーションが当たり前になっている。

そうした概念をぶっ壊す意味においてもバウアーの中4日志願は新鮮な印象を持っている。それでいて、好投してきちんと結果を出すのだから、頭が下がる。

つい最近、YouTube番組で見た大野豊の話や、東尾修らと会ったときに、「いまの投手は投げなさすぎ」であることに疑問を呈していた。いまの若い投手たちに「肩は消耗品」という考えが浸透しているがゆえのことなのであろうが、中4日で投げているバウアーを見ると、肩が消耗するとは思えない。

それに、彼は「あそこが痛い、ここが痛い」という泣き言をいっさい言わないどころか、涼しい顔をして投げている。彼が日本人以上に日本人の心を持っているというのは、昭和の私たちがやっていたプロ野球を令和の時代に具現化しているからにほかならない。

それだけではない。次項に書くが、いまや形骸化した日本のオールスターに「出たい」と積極的に意思表明をしたし、プラスワン投票で選出された際には本当にうれしそうに語っていた。その姿を見て「ＤｅＮＡはいい選手を獲ったな」と感心したものだ。

ＤｅＮＡには今永昇太を筆頭にイキのいい若手投手がそろっている。バウアーがチームにいるうちに野球の技術をくまなく学び、自分の武器をひとつでも多く増やすことができたら、ＤｅＮＡはいまよりもっと強くなるに違いない。そう確信している。

しかし、２０２３年シーズンは息切れを感じてしまうのだが……。

「オール阪神」となった ファン投票が突きつけた課題

２０２３年のオールスターはまさに阪神ジャックだった。投手は先発の村上に抑えの湯浅、捕手は梅野隆太郎、ファーストが大山、セカンドが中野、サードが佐藤輝、ショートが木浪聖也、外野は近本とノイジーがファン投票で選ばれた。唯一、ほかのチームから選ばれたのが元メジャーリーガーで広島の秋山翔吾だったことを考えると、これは快挙を通り越して異常である。

ただ、いまのオールスターにどれほどの価値があるのかと言われれば、はなはだ疑問である。かくいう私も現役時代に5度のオールスター選出、４度の出場（１９７４年、１９７６年、１９７７年、１９７９年）があるのだが、ベンチ内の雰囲気からして、普段の試合とはまったく違っていた。

南海ホークス（現・福岡ソフトバンクホークス）時代の１９７４年はパ・リーグ代表としてオールスターに出場したが、野村克也さん、張本勲（はりもといさお）さん、土井正博（どいまさひろ）さんらがいるだけで、ある種の緊張感が漂ったものだ。

けれども、いまは違う。ＷＢＣに代表されるような各球団の主力が集まる場があることと、春季キャンプ前の自主トレも球団の垣根を越えて行われていることもあり、緊張感より牧歌的な雰囲気が強くなっている。

それでいて、真剣勝負よりエンターテインメント的な要素が強い試合となっている。テレビのバラエティー番組を見るイメージでオールスターを見ればいいのだが、「本当にそれにステータスがあるのだろうか？」と思えてしかたがない。

このことは、オールスターで解説する野球解説者にも影響をおよぼしている。私が現役引退してから10年くらいのあいだは、「誰が、どのテレビ局でオールスターの解説をやるのか」を気にしていた。オールスターで解説をやることは名誉と感じていたし、実際に私以外の野球解説者も私と同じように注目していた。

それが平成に入ってからオールスターが3試合から2試合になり、2000年代半ばくらいになってくるとショー的な要素が強くなってきた。ちょうどプロ野球中継の視聴率が下がり始めた時期と重なるのだが、テレビ局側も「何かおもしろいしかけをつくらないと、視聴者は見てくれない」と考え、タレントをゲストに呼んで必死に盛り上げようとしたこともあった。

けれども、野球解説者たちの「誰が、どのテレビ局でオールスター戦の解説をやるのか」という興味はいっさいなくなった。それどころか、「オールスター戦の解説をやるくらいなら家族旅行を楽しんだほうがいい」と考える人まで現れた。それが良いか悪いかはここでは置いておくとして、オールスターの解説を務めることにステータスを感じていないことだけは間違いなかった。

だが、いまは違う。おふざけにもほどがある。第1戦に先発した阪神の村上は、笑顔で初球スローボールを投げた。その後はパ・リーグの打者から連打を食らって4失点。降板後は笑顔でインタビューに答えていた。さらに第2戦は広島の九里亜蓮(くりあれん)とオリックスの杉(すぎ)

本裕太郎が大乱闘と見せかけて抱き合う姿を演出。私は思わず目が点になってしまった。

いずれも、本人たちはファンを喜ばせているつもりだろうが、公式戦より高いお金を払って見に来てくれている人にしてみれば、「真剣勝負のなかで高度なプレーが見たい」と思っているはずだ。こう言うと、「いまはそういう時代じゃない」と言う人もいるかもしれないが、だったら「オールスターの存在意義って、なんなの？」と問いたくなる。

翻って、選手はどうだろうか。もちろん、初出場の選手は名誉と感じているだろうし、ほかのチームの主力選手といろいろ話してみたいというワクワク感はあるかもしれない。

しかし、何度も出場している選手にしてみれば、「息抜きができる試合」と感じているだけかもしれない。いまはセとパの真剣勝負を楽しむには交流戦があるわけだし、オールスターにそこまで求めていない選手が多くいたって不思議な話ではないからだ。

けれども、今回、オールスターを開催するにあたってのファン投票で阪神勢がジャックしたのは、セ・リーグのほかの5球団、とりわけ巨人に対して問題提起を行ったと考えていい。もちろん、阪神の選手に投票したファンだってルールの範疇で行ったことなのだから、それをとやかく言われる筋合いがないのは理解できる。

それでも、私にしてみれば、

「球界で一、二を争う人気選手を抱えているといわれる巨人ファンのみなさん、今回のオールスターは阪神の選手が多く選ばれましたよ。本当にこれでいいんですか？」と、阪神ファンが巨人ファンに挑戦状を叩きつけたと見ている。それに対し、2024年以降、巨人ファンはどう反応するのか、この点だけは、あえて注目しておくとしよう。

阪神が常勝軍団になるための「もうひとつの課題」

岡田監督になってから阪神の野球が変わったことは前にも書いたが、それでは岡田が阪神を常勝チームにできるのかと言われたら、「岡田が監督として在任しているあいだは強い」ということは言える。当たり前の野球をやって勝つことができているいま、大崩れすることはないと断言できるからだ。

さらに、最近はドラフトで獲得する日本人選手も好素材がそろっている。いまのチームに足りないと思われるところで高卒、大卒、社会人の選手が活躍し、主力選手へと成長している様子を見るかぎり、球団としてドラフト戦略はよく練られていると言っていい。

こうした、若く、まだ一軍でなんの実績もない選手たちをどう起用していくのかについても岡田監督の手腕が問われるが、肝心の育成の段階でひとつの問題が浮上してくる。それは「若い選手たちに〝一軍で活躍するんだ〟というハングリーさをどう植えつけていくか」だ。

こう言うと、「いまの時代、それは難しいんじゃないのか」という意見が出てくるかもしれないが、難しいからこそ取り組まなければならないことだと私は感じている。

私はアメリカのやり方や言動がすべて正しいとは思わないが、ことマイナーから這い上がっていくシステムについては高く評価している。とくに独立リーグの選手たちは野球が行われているシーズン中だけ給料が支払われ、月給でおよそ10万～20万円程度。たとえ元メジャーリーガーの肩書があっても、せいぜい30万円くらいしかない。

「二度とこんなところで野球をやりたくない」という悔しさを噛み締めながらグラウンドでプレーするからこそ実力が向上し、妥協せずに努力して結果を残し続けた者だけが、やがてスーパースターになって何十億円という大金を手にする。

だが、第6章でも触れるが、日本のプロ野球のように、たとえ二軍でも、高い年俸をもらい、設備が整った寮に住み、栄養士が献立を考えながらつくってくれる食事を食べ、空いた時間には高級外車を乗り回すような暮らしを送っていては、どんなに「ハングリーになれ」と言ったって、耳を貸さないだろう。一軍でただの一度も活躍したことがないのに、これだけの贅沢を二軍のうちからできたら、引退したあと、このときの生活が忘れられなくて、過ちを犯してしまうことだってありうる。

お客さんは、自分たちが見たこともないようなボールを投げたり、ピンポン玉を飛ばすかのごとく、はるかかなたに打球を飛ばしてくれたりする怪物のような選手の出現を、いまかいまかと待ち続けている。けれども、これだけハングリーさが欠如しているようでは、二軍からそうした選手が突然出てくるなんてことはありえないし、「一軍でバリバリ活躍して億単位のお金を稼ぐことがステータス」などとは思えないはずだ。

阪神はソフトバンクや巨人のように育成選手を獲得する発想に欠けている。「お金がかかるだけで、なんの利益も生まれないから」というのがその理由だが、育てた先に千賀滉大のようにメジャー（ニューヨーク・メッツ）に移籍して大活躍するというロマンがあったっていいし、「育成上手の阪神」という評価を内外から得て好素材が集まることだって考えられる。

目先の利益だけを追求するのでなく、「未来への投資」と思って育成に力を入れること。そのプロセスからハングリー精神を生み出す環境をつくりだすことができれば、一軍で活躍するだけではなく、大谷翔平のようなスーパースターを生み出すことができるのではないだろうか——。

２０２５年に兵庫県尼崎(あまがさき)市に阪神の二軍の新球場が完成するという、すばらしいニュースもある。ただ勝つだけでなく、そうした選手を輩出する環境をつくりだすことにも挑戦してほしいと、私は願っている。

第2章

1981年6月8日、巨人戦に先発してシーズン初勝利を挙げる筆者。この2カ月後に「ベンチがアホやから」と発言したとされて電撃引退する。

私がタイガースを去った理由

「選手会長vs.球団」ベンチ裏の暗闘

阪神へのトレードを伝えた野村克也さんの言葉

私自身、東映から1年目のオフに南海にトレードで行くことは青天の霹靂(へきれき)だった。即戦力ルーキーが他球団に移籍した事例は私をおいてほかにないというが、このトレードによって野村さんとの出会いがあったわけだから、私のプロ野球人生はいい方向に動いたといえる。

だが、それ以上に驚いたのが、のちの阪神へのトレードだった。当時のことはいまでもよく覚えているが、これが私のプロ野球人生を大きく変えたといっても過言ではない。

あれは1975年12月に南海の選手会で主催したゴルフコンペでのこと。その日の私はスコアもよく覚えていないほどゴルフはヘタクソだったが、プレー後の表彰式で、野村さんの背番号にちなんで19位を「監督賞」にしていたのだが、私にそれが当たったのだ。副賞を見ると真っ赤なドレスが置いてある。

「えっ、これなの!?」

なんとも恥ずかしい思いがして、複雑な表情をしながら、野村さんから賞品の目録を受け取ると、野村さんが「あとで話がある。ちょっと残っておけ」と耳打ちしてきた。私はてっきり賞品を渡してくれるのだろうと思いきや、開口一番、「旅に出てこいや！」と言った。私がキョトンとした表情をしていると、「お前さんのトレードが決まった」と言うではないか。

私が「どこですか？」と聞くと、「阪神や」と野村さんは返した。後日聞けば、あの江夏豊が南海に来て、その交換相手に私が選ばれたというのだ。

「あの江夏がトレード相手か」と複雑な心境だった。複数トレードがそのあとに発表され、長谷川勉、池内豊、島野育夫さん。阪神からは江夏と望月充。4対2のトレードとなったことに、私は思わず野村さんに「4と2では数が合わんで！」と、またも複雑な思いとなった。

さて、なぜ私は阪神に行くことになったのか、思い当たる理由はあった。

この年、南海は5位に低迷した。2年前は優勝、1年前は3位と、凋落の傾向が見えた。原因は、そのころから野村さんと行動を共にしていた、のちの夫人・沙知代さんである。なんとなくチームがギクシャクしていたころでもあり、このままではまとまらなくなる——私ら選手がそう考えるのも無理はなかった。ゴルフコンペが開催される数日前、私は藤原満、西岡三四郎と3人で、大阪のロイヤルパークホテルで野村さんと話し合うことになった。

「野村さんは選手兼任監督です。公私ともにチームをまとめて、もっと引っ張っていってほしい」などと直訴した。

　このころの野村さんは、現役引退後の野球評論家以降の時代とは違って理論家の雰囲気はまったくなく、選手に考え方が近い兄貴分のようなところがあった。しかし、野球のことはもとより、私生活のことまで言いたい放題。そのことで、軋轢が生じた一部の選手もいた。

　だが、野村さんも私たちの話をすぐに理解してくれたのか、「もちろんだ。いろいろ心配してくれてありがとう」と笑顔で応えてくれた。

私たちは、このままいけば無事解決して、来シーズンは一致団結してパ・リーグ制覇ができる――そう考えていた矢先のトレード劇だった。そして、このとき野村さんとの直談判に参加していた西岡も後日、中日ドラゴンズへのトレードが決まった。

　西岡はトレードに出されるとき、野村さんにこう言われた。

「最後にうぬぼれを言わせてもらうが、お前さんはオレが受けていたから結果が出た。オレ以外のキャッチャーだと勝てんよ」

結果的に西岡は1年間中日でプレーしたあと、翌年はヤクルトに移籍。だが、肩痛もあって翌1978年に引退。中日では5試合、ヤクルトでは15試合に登板して3勝1敗という成績に終わる。

私が南海を出されたのは西岡同様、間違いなくこのときの直談判が原因だった。いま思えば、私は南海の関係者から聞いていた野村さんに関する話を漏らすことなく野村さん本人に伝えてしまった。「江本はこんなことまで知っているのか」と内心驚いたのと同時に、「面倒くさいヤツだな」と疎まれてしまったとしても不思議な話ではない。野村さんが「旅に出ろ」と言ったのは、「もうここにはお前さんの居場所はないぞ」という意趣返しだったことが、私の想像だが、時間がたつにつれてわかってきた。

当時のトレードは、いまのように戦力補強をするのではなくて、「厄介払いをする」という意味合いのほうが強かった。江夏も監督の吉田義男さんから距離を置かれ、扱いに困った末のトレードだった。つまり、私と江夏は「厄介者同士の交換トレード」となったのである。

高度なサイン交換をしていなかった阪神

阪神への移籍が決まってからというもの、「阪神は、いったいどんな野球をするんだろう?」と素朴な疑問を抱いていた。この年（1975年）、広島が球団創設以来初のリーグ優勝を決め、巨人は球団創設以来初となる最下位に沈んでいた。そのなかでも阪神はセ・リーグで好ゲームを繰り広げていたのだから、「相当レベルが高い野球をやっているんだろうな」と私は考えていたのだ。

ところが、当時の監督だった吉田さんと話してみると、采配面に関しては南海時代の野村さんと比較すると、その差は歴然としていた。もの足りなさばかりが浮き彫りになっていたのである。

たとえば、捕手が投手に出すサイン。プロ野球にかぎらず、一般的に高校、大学、社会人などではとりあえず基本はこんな決め方をしていた。

①ストレート➡人差し指（人差し指と中指、いわゆるチョキの形の場合もあるが、ここでは

人差し指で説明している）
②カーブ⬇人差し指と中指（いわゆるチョキの形）
③スライダー⬇小指
④フォークボール⬇親指を除いた４本指
⑤チェンジアップ⬇５本指（いわゆるパーの形）

大切なのはここからである。試合前にバッテリー間で捕手が①〜⑤の指で出すサインに関する決めごとを、あらかじめしておく。

たとえば、「今日は『３－１－２』でいこう」と捕手と決めておく。これは「１球目が３番目に出したサイン、２球目が１番目に出したサイン、３球目が２番目に出したサインが本物である」という意味だ。つまり、捕手が股のあいだから「人差し指⬇５本指⬇小指」の順にサインを送っていたとすると、１球目は３番目に出した小指、つまり「③スライダー」となる。

続いて、「人差し指⬇５本指⬇親指を除いた４本指」の順にサインを送ると、２球目は１番目に出した人差し指、つまり「①ストレート」となる。最後に、「人差し指と中指⬇

5本指➡人差し指」の順にサインを送ると、3球目は2番目に出した5本指、つまり「⑤チェンジアップ」となり、4球目以降も「3－1－2」の順番のままサインを出していく。

もし相手からなんとなく「気づかれているかもしれない」と感じたら、試合中に機転を利かせてサインを変えてしまう。つまり、相手に簡単に見抜かれるようなサインを出すことなどありえないというわけだ。

また、捕手ではなく投手からサインを送る場合もある。ブロックサインでは、たとえば投手が右肩を触ったら「1番目」、左肩を触ったら「2番目」、胸あたりを触ったら「3番目」、右腰あたりを触ったら「4番目」、左腰あたりを触ったら「5番目」としたとする。

これもバッテリー間であらかじめ話し合っておき、投手が「3番目」と伝えておいたとしよう。そのとき、投手が「右肩➡右腰➡胸」を触ったら、「3番目」が本物である。直後に捕手が「人差し指と中指➡親指➡人差し指」の順にサインを送ったら、先の決めごとでいえば、3番目の人差し指が本物のサイン、つまり「①ストレート」となるわけだ。もちろん、この順番だって、イニングごとに変えたって構わない。

こう見ていくとおわかりかと思うが、ひと口に相手バッテリーのサインを盗むといっても、それは容易なことではない。ほぼ不可能だといってもいいくらいだ。

それに、当時は相手チームの三塁コーチが打者や走者に出すサインを盗んで解析することが普通にあった。私が現役のころのパ・リーグの野球は、それが当たり前だったのだ。そこで、第1章で書いたサイン盗みについてである。近本がサインを盗んだのか否かといわれていたが、じつに低次元の話だ。

結論からいうと、彼の行為はサイン盗みなどではない。これは断言できる。年齢が30～40代の一部の野球解説者が、したり顔で「あのシーンはですね……」などと話している姿をたびたび見かけたのだが、私たちの現役時代と違って、彼らが現役のころにサイン盗みなどというものは存在していなかったので、サイン盗みのなんたるかは、はっきりわかっていないはずだ。

それに、捕手は股ぐらからサインを出しているのだから、二塁走者から、もともと見えている。もし捕手が「二塁走者にサインを知られたくない」と警戒するのであれば、股ぐらからサインを出すはずがない。

もっといえば、仮にサインを盗んで打者に伝達したとしても、必ずしも打たれるわけではない。投手が投げるストレートが想像以上に球威があったり、変化球のキレが抜群によかったりすれば、たとえどんなに球種を解析したところでヒットや本塁打が打てる保証などない。だからこそ、テレビ映像などで捕手のサインが映っている場面もあるので、周囲はあまり目くじらを立てて騒ぐ必要もない、というのが私の結論である。

天才ゆえ何も考えていないように見えた吉田義男さん

南海時代、バッテリー間のサインは捕手である野村さんが出していた。それだけに、捕手はほかの野手に比べて余計に神経を使うとされているのだが、こと阪神にかぎっては、そうした決めごとがまったくなかった。それどころか、「人差し指1本出したらストレート、人差し指と中指の2本出したらカーブ、指を全部振ればフォークを投げる」という、じつに単調な決め方だった。

あまりに単純な配球のサインの出し方に、私は田淵さんに聞いてみたことがある。

「ブロックサインは、どうなっているんですか?」

すると、田淵さんは「なんだ、それ?」というような表情を浮かべながら、

「エモ、そんなのウチにはないよ。人差し指を1本立てたらストレート、人差し指と中指の2本立てたらカーブ、薬指まで3本立てたらスライダーという感じで出しているんだよ。

何回も出したらピッチャーが投げにくいって言うしね」

と。だから、1回しか出さない単純なサインだった。

それを聞いた私はあっけに取られてしまった。あまりにも単純なサインであるにもかかわらず、それでも、ある程度は勝っていたからだ。

南海から一緒に阪神に移籍した、「ノムラ・シンキング・ベースボール」の島野さんにそのことを話すと、「おい、阪神は南海より強いんじゃないか」と驚くことしきりだった。これは何も皮肉で言っているのではない。本気でそう考えていたのだ。

なぜ、吉田さんはこうした野球をしていたのか。何も知らない人からすれば、「な〜んにも考えずに野球をやっているなんて、アホちゃうか」と思うかもしれないが、真相を明かすと、あの小さな体だったが、吉田さんは「天才型のプレイヤー」だったからである。

吉田さんは「牛若丸（うしわかまる）」と呼ばれる華麗な守備を披露する一方、打撃でも17年の現役生活で１８６４本のヒットを放ち、３５０もの盗塁を決めて2度の盗塁王に輝いた。

こうしたプレーが可能だったのは吉田さんが天才だったからである。何も考えなくても体が勝手に反応してくれる。だからこそ、吉田さんはプレイヤーとして優秀だったわけだが、同時に「ユニホームを着ている選手全員が自分と同じようにプレーできる」と考えてしまった面は間違いなくある。それが吉田さんにとっては最大の悲劇となってしまった。

それでは、南海時代の野村さんはどうだったのか。野村さんもこと打撃において「飛ばす」ということでは間違いなく天才だった。そうでなければ、王貞治さんの868本に次ぐ652本塁打を打つことなど不可能だからだ。

しかし、野村さんは、「もっと野球がうまくなりたい。そのためには、どうすればいいのか」ということを、つねに考えていた。現状に満足することなく、飽くなき向上心があったからこそ、野村さんは選手兼任監督を任され、一定以上の成績を収めることができたのだ。

私も野村さんが標榜したシンキング・ベースボールについては4年間、じっくり学ばせてもらった。同時に「監督とはこうでなければならない」という理想像も持つようになった。その点を教えてくれた野村さんには本当に感謝している。

だが、残念ながら吉田さんには野村さんのような考えは見られなかった。相手チームが勝ったときに、「なぜ昨日は負けてしまったのか」まで詳細に分析するようなことはせず、「選手がよく打って、しっかり守ったから相手が勝ったんだ」と思い込むようなところがあった。この違いこそが監督として思うような成績を残せなかった所以であったのは間違いないが、同時に「吉田さんは監督には適していないんじゃないか」と不信感を抱いたのもまた事実なのであった。

江夏豊を超える15勝を挙げて優勝争いに加わったが……

私が阪神に入団した１９７６年は、とにかくチームが強かった。単純なサインで勝てるのだから当然といえば当然のことだが、私が実際にセ・リーグの打者と対戦して感じたのは、「パ・リーグのほうがレベルは高い」ということだ。

もちろん、巨人の王さんや広島の山本浩二さん、ヤクルトの若松勉、横浜大洋ホエールズ（現・ＤｅＮＡ）の松原誠さんといった一流打者もいる。しかし、相対的に見ると、パ・リーグのほうがスイングが鋭い打者が多いと感じた。

それまでのセ・リーグは巨人、次いで阪神が実力的に抜きん出ていた。ほかの４球団はお荷物的な要素が強かったのであるが、古葉竹識さんが広島の監督に就任すると、「赤ヘルブーム」とともに巨人、阪神をしのぐ力を発揮するようになっていた。古葉さんはもともと南海に在籍していて、野村さんの野球を間近で見て学んできた。広島はセ・リーグに所属しているものの、パ・リーグ仕込みの野球をやっていたセ・リーグ唯一のチームだったのだ。

広島は山本さんが1986年に引退するまで、つねに優勝候補の一角に挙げられていた。中心選手が機能しているところに、パ・リーグ仕込みの野球を取り入れたことで、それまで弱小のお荷物球団といわれた広島が「常勝カープ」とまでいわれるようになったのだ。

私が阪神に移籍して1年目のときは、広島に負けず劣らず強かった。打撃陣に目を向けると、田淵さんが39本、マイク・ラインバックが22本、ハル・ブリーデンが40本、入団3年目となる当時はまだ若手の掛布が27本と、彼らを中心に当時のチーム新記録となる193本塁打をマーク。まさに強力打線と呼ぶにふさわしい活躍を見せた。

しかし、チーム成績は前年最下位に終わった巨人が阪神と激しい優勝争いを見せ、終わってみれば、阪神は優勝した巨人と2ゲーム差を離されての2位に終わる。

かくいう私も、この年、トレード1年目に15勝9敗という成績を上げた。トレードの交換相手だった江夏が南海で6勝12敗に終わったことを考えると、チームの勝ちに貢献できたのではないかと自負している。吉田さんは、いまも「そのときは、ありがたかった」と話してくれた。

翌年以降も、さあ頑張るぞ、と当時は意気込んでいたのだが、チームは徐々に低迷していき、俗にいう「暗黒時代の入り口」に近づいていく。

私をいら立たせた「クマさん」のノホホン野球

「打線は水ものである」とはよくいったもので、いまがどんなによくても、翌年以降も現在と同じように打てるとはかぎらない。

これは投手である私にも同様のことがいえたのだが、1977年、1978年とそれなりにチームに貢献した。だが、私の投手成績と反比例するかのように、阪神は1977年に4位、1978年にいたっては球団創設初となる最下位になったのである。

阪神が低迷した要因は明快だ。「本気でチームを強化しようという意欲に欠けていた」からである。吉田さんが1977年かぎりで監督を退き、広岡達朗さんの招聘に失敗した球団が急場しのぎに監督に就任させたのが、阪神OBの後藤次男さんだった。

後藤さんは温厚な人柄と風貌から「クマさん」と呼ばれていたのだが、社内の人事異動のように組閣されたコーチ陣は後藤さんのマージャン仲間ばかり。情熱を持って野球を教えるという雰囲気はなかった。そのうえ、マスコミから「今年のキャッチフレーズはなんですか？」と聞かれると、「みんな仲よくボチボチと」と呑気に答えるありさまで、戦う集団とはほど遠い、ゆるやかな空気がチームを支配した。

悪いことはこれだけにとどまらず、開幕からラインバックとブリーデンが相次いで戦線離脱。田淵さんや掛布も死球で離脱するなどして、開幕からずっと低迷したまま。挙げ句には後藤さんの担当記者がスタメンを考える事態も起き、チームが上昇する気配を一度も見せることなく最下位を突っ走っていたのだ。

このとき、若手選手も後藤さんのおおらかな部分に依存してしまって、「一軍で活躍してやろう」と気概を持つ者は少なかった。春季キャンプ中に、あろうことか早めに宿舎に上がった若手選手には、興に乗じてマージャンに勤しむ者まで出るありさまだった。私はそれを見つけるなりマージャン台を蹴り上げ、若手選手たちを叱り飛ばした。読者のみなさんは信じられないかもしれないが、プロと呼ぶにはあまりにもお粗末すぎるほどのやる気のなさだった。

吉田さん、後藤さんと「勝てる見込みのない監督」が続き、チームはますます袋小路に入り込んでしまったかのようだった。

「江本選手会長vs.小津社長」が方向づけたドン・ブレイザー監督の招聘

「いまのままでは、タイガースは弱いままで終わってしまう」

そう危機感を抱いた阪神電鉄本社は1978年10月、当時、本社の専務取締役だった小津正次郎（おづしょうじろう）さんを球団社長に据えた。結果的に小津さんの球団社長起用によって幾多の混乱を招くことになるのだが、この時点ではそんなことは知る由もなかった。

小津球団社長の経歴を見ると、まさに「努力の人」そのものだった。当時、京大出身者が学閥を組んで経営の中心となっていた阪神電鉄において、高松（たかまつ）高等商業学校卒で、まさに叩き上げで出世していった。労務関係にくわしく、並の野球選手が小津球団社長とネゴシエーションをしようとしても、太刀打ちできる相手ではない。

そこで阪神の選手会のミーティングで、「ややこしい交渉ごとをまとめるには、ややこしいことを言えるヤツを選手会長にするしかない」という理由で、なぜか私が選挙で選手会長に選出されてしまった。阪神に移籍して3年目が終わった直後のことである。ちなみに、私は選挙には立候補していないし、する選手はいない状況だった。

ほどなくして、私は小津球団社長と話し合いの場を持った。チームを再建するにはどうすればいいのかを話し始めて、最初に私は、

「古参のコーチを切ったらどうですか」

と言った。引退後、ユニホームを脱ぐことなく、なんとなく指導者になって、ずっと球団に残っているようなコーチが当時は何人かいた。私は彼らをどうにかしてほしいというのが本音だった。

私の言葉に小津球団社長は神妙な面持ちでいる。こうして話していくうちに、

「野球理論が確立している人物を監督として招聘すべきだ」

という結論に達した。そこで小津球団社長が監督にと指名したのが、ドン・ブレイザーことドン・ブラッシンゲームだったのである。

ブレイザーは１９５０年代にメジャーリーグを代表する二塁手として活躍し、南海でも野村さんのもとでヘッドコーチとして「シンキング・ベースボール」をチーム内に広げた。私もブレイザーからは4年間、卓越した野球理論を直に学んだので、「ブレイザーが監督として来てくれるなら、阪神も変わるだろう」と期待で胸が膨らんでいた。

ところが、その後、思わぬ二つの事態がチームを混乱の渦に巻き込んだ。そのひとつが

田淵さんのトレード劇だったのである。

徹マン中に決定した田淵幸一さんのトレード

田淵さんは私にとって法政大時代のひとつ上の先輩で、優勝ゲームでバッテリーを組んだこともある。おおらかな性格で、当時は先輩・後輩の上下関係が厳しい大学野球界において、後輩にはやさしい先輩だった。そんなこともあって、私たちの同級生のなかで田淵さんの悪口を言う者は誰ひとりとしていなかった。

じつは田淵さんのトレードが発表された1978年11月15日は、私と古澤憲司と田淵さんを交えて、堺の私の親戚の家でマージャンに興じていた。夜11時半が過ぎようとしていたころ、この家の電話が突然鳴り響く。

出ると、田淵さんの奥さんから、「すぐに帰って球団に来るように」との電話だった。受話器を握った田淵さんは驚いた表情で、黙ってうなずいて電話を切り、

「いまから球団事務所に行ってくる」

と言って車で帰っていった。その後ろ姿を見送ったが、寂しそうだった。やはりトレー

ド話で呼ばれたのだ。

トレード先は西武だった。そして、西武の新監督に就任するのは根本陸夫（ねもとりくお）さん。法政大の大先輩だった。まさかのトレードだった。

この出来事からさかのぼること6時間前のこの日の夕方、マージャンを始める前に、

「田淵さんは将来の幹部、首脳陣になるんです。オレらが支えていきますから、来年は今年以上に頑張ってチームを引っ張っていってくださいよ」

などと田淵さんに対して檄（げき）を飛ばしていた。田淵さんも、

「わかっているよ。オレも打つほうだけじゃなくて、守るほうでも貢献していくから」

と決意を新たにしていたのだ。それがこのトレード話ですべてがぶっ飛んでしまった。

このときのトレードのいきさつは、関西マスコミと阪神らしく、田淵さんより先にマスコミに情報が知れ渡っていたのだ。「いったい、阪神の情報管理はどうなっているんだ」と憤ったが、あとの祭りである。

翌日のスポーツ紙の一面は「田淵、新生西武ライオンズへトレードへ」という見出しが並んでいた。よくよく見ると、昨日一緒にマージャンをしていた古澤も翌朝、西武へのトレード通告を受けた。2度びっくりした。九州にあった西武の前身であるクラウンライタ

ー・ライオンズからは真弓明信、若菜嘉晴、竹之内雅史、竹田和史の4人が来ることになった。2対4の大型トレードに、球界に激震が走った。

時間が少しずつ経過していくにつれ、「まさか、田淵さんと古澤をわざわざ出すの？」と球団に対して逆にやる気を感じた。実際に小津球団社長に望んで田淵さんのトレードを決断し、ゴーサインを出したのは、ほかでもないブレイザー新監督本人だったのである。

ブレイザーはスピード感を重視した野球を目指そうとしていた。しかし、田淵さんは走攻守のうち「攻」は期待できるが、「走」と「守」はほぼ期待できなかった。理由は恰幅がよすぎたこと、早くいえば太りすぎだった。この点は吉田さんも大変気にしていて、田淵さんをやせさせようと、春季キャンプ中にひたすらランニングだけさせておくような日もあったほどだ。それでやせれば苦労はしないが、実際はなかなかうまくいかなかった。頭部に死球を受けた際の治療薬の副作用によるものだったからだ。

そこで、ブレイザーは思い切って田淵さんを放出し、チームの血を入れ替えることで新たに活性化させることを画策したのである。10年間、阪神の中心選手として、阪神ファンから愛されたチーム一の人気選手として、勝利と観客動員の増加に貢献してきた田淵さんだったが、阪神での最後は意外とあっけないものとなってしまった。

話はこれだけに終わらない。じつは、このトレードは交渉の段階で、「金銭をともなわない交換である」ということで合意していた。しかし、阪神は土壇場になって2000万円のトレードマネーの積み増しを要求。

「人気者の田淵を渡すのだから、それぐらい安いものだろう」

と言わんばかりの上から目線の姿勢が露骨だったのだ。交渉の窓口となっていた西武側の根本さんは、「話をぶち壊したくなかったので、しかたなく払った」と、のちに話していた。

双方ともに、さまざまな思惑があったとはいえ、阪神にしてみれば、してやったりのトレードとなったことは間違いないのである。

ただ、あとになってよくよく考えてみると、このトレードは田淵さんにとっては幸せなことだったと思っている。年齢的にも選手として晩年に差しかかってきた田淵さんを、のちに西武の監督になった広岡さんは見事に再生し、1982年、1983年のリーグ優勝、日本一に貢献することができた。

田淵さんにとって、現役時代の優勝は9年間お世話になった阪神ではなく、残り6年の現役生活を送った西武だったことを考えると、このトレードは成功したと考えるべきだ。

とくに1982年はパ・リーグのプレーオフで、かつての同僚だった日本ハムのリリーフエースの江夏を粉砕し、日本シリーズでは阪神の宿敵だった巨人を4勝3敗で倒して日本一となった。翌1984年に現役引退した田淵さんにしてみれば、この年はまさに現役生活の集大成となったシーズンだったのだ。

さらに1990年から3年間、大阪から福岡に本拠地を移した福岡ダイエーホークス（現・福岡ソフトバンクホークス）の監督を務めることができた。これも生涯阪神のまま引退していたら、「阪神のスター選手をウチに呼ぶなどご法度だ」とダイエー球団側が尻込みして、田淵さんには声がかからなかったはずだ。

江川卓・小林繁トレードの陰に隠れた真弓明信の入団

田淵さんの西武への仰天トレードが発表されてから、舌の根が乾く暇もないうちに、球界に震度7クラスの大激震が走った。私の法政大の後輩である江川卓（えがわすぐる）がドラフト会議前日に突如として巨人入りを表明。野球協約の盲点を突いた「空白の一日」を利用しての出来事であった。これには日本中のプロ野球ファンが驚いた。

さらに、翌日に開催されたドラフト会議を巨人は欠席。江川は南海、阪神、ロッテオリオンズ（現・千葉ロッテマリーンズ）、近鉄バファローズ（現オリックス・バファローズ）が１位指名をして、抽選の結果、阪神が引き当てて交渉権を獲得した。

問題はここからである。私も含め阪神の関係者は江川の獲得は難しいだろうと考えていた。ルールにのっとれば阪神に交渉する権利があるのだが、肝心の江川サイドがそのテーブルの席に着こうとすらしない。いったい、落としどころをどこで見いだすのだろうと思いつつ、私たち選手側は口の出しようがない事態となっている。その推移を見守るしかなかった。

ところが、事態は年を越えて春季キャンプ前日の１月31日に急展開を見せた。阪神が江川と一度入団契約を交わし、同じ日に当時の巨人のエースだった小林繁（こばやししげる）との交換トレードを発表。阪神の首脳陣も選手も驚きを隠せなかった。

「巨人のエースが江川に代わって阪神にやってくる」

そのこと自体が大ニュースだったし、大阪の阪神ファン、いや、全国のプロ野球ファンが声を失うほどの出来事だったのだ。

小林は１９７６年からの３年間で18勝、18勝、13勝を挙げ、１９７７年は沢村賞（さわむらしょう）を受賞している。江川は私の法政大の後輩で、その類い稀(まれ)な才能はすでに知っていたのだが、そこまでのリスクを背負ってまで江川を獲得しようとしている巨人の本気度と執念に畏怖の念すら抱いた。

2月1日に阪神の球団関係者が阪神のキャンプ地である高知県安芸(あき)市に集結。同行しているマスコミの周辺もなんだか騒がしい。その最中に選手会長だった私は小津球団社長に呼ばれ、

「頼むから、小林を守ってほしい。いろいろ騒がれて、野球だけに集中できる環境になかなかならないだろう。江本に託すから、彼のことは頼んだぞ」

と言われたので、もちろん了解したが、私は即座に、

「クラウンから来た真弓や竹之内、若菜、竹田の4人を忘れてもらっては困ります。彼らだって、僕たちにとって、小林と同じくらい大切な仲間ですから」

と返答した。小津球団社長を筆頭とした阪神の球団幹部たちはクラウンから来た4人、とくに真弓のことは「田舎球団の小物」程度にしか考えていなかった。だが、私たち現場で汗を流している人間は、真弓が来てくれたことで、それまで遊撃を守っていた藤田平(ふじたたいら)の後釜ができたと考えていたのだ。これはトレードの相手側だった西武の根本さんも同様

に考えていたようだ。

事実、真弓はその後、外野手に転向し、阪神になくてはならないトップバッターへと成長。1985年の21年ぶりのリーグ優勝と日本一には、真弓の存在なくして語れないほどの名選手となっていった。2009年から3年間は阪神で監督も務めている。

このあたりの温度差がフロントのスーツ組と現場のユニホーム組とのあいだであったのも事実だったのだが、当時は予想だにしない出来事が矢継ぎ早に起きて、私たちもその流れについていくのが精いっぱいだった。

アリゾナ・キャンプで広岡達朗さん、森祇晶さんと話したこと

ブレイザーが監督になって2年目の1980年、阪神の春季キャンプはアメリカのアリゾナ州テンピで張ることになった。日本の安芸でキャンプを張るよりはるかに安価でグラウンドが借りられるだけでなく、グラウンドも6面以上ある。効率的かつ密度の濃い練習ができることもあるにせよ、アメリカでキャンプを張ることに選手全員が驚いた。

しかし、選手の心の内を覗(のぞ)くと、建て前と本音は違った。建て前では「みっちり練習が

できる」と意気込んでいる姿を見せていたものの、本音は「チヤホヤしてくれるファンが誰もいないキャンプはいやだなぁ」と思っていた。しかし、当時は1ドル360円の時代、海外旅行は一部のお金持ちだけが楽しめるものにすぎなかったが、それだけに、球団のお金で海外キャンプができるのは、私にはいい経験だったし、シアトル・マリナーズとの合同キャンプには興味があった。

　ところが、このキャンプが失敗に終わった。前半はアリゾナが100年ぶりの大雨。雨、雨、雨……と連日雨に祟(たた)られ、屋外のグラウンドで思い切り体を動かしたのは後半だけだった。予定が狂って十分な練習ができず、ブレイザーは「日本に帰ってから練習をし直すよ」と肩を落として報道陣に話していた。

　アメリカ・キャンプの選手の楽しみはただひとつ、ショッピングかゴルフに興じることだった。練習が早めに終わったり、あるいは休日ともなったりすれば、コーチや選手はそろって中心街やゴルフ場へと繰り出していった。

　私もみんなと同じようにショッピングしたい気持ちはあったのだが、ひとつだけ、どうしても見ておきたいものがあった。それはメジャーリーグのオークランド・アスレチックスの練習をチェックすることだった。長いあいだ弱小球団だったアスレチックスが、ニューヨーク・ヤンキースで活躍した元スター選手のビリー・マーチンを監督に据えたことで強豪チームへと変貌していった。その強さの秘訣（ひけつ）を知っておきたいと考えていたのだ。

当時は、いまのように衛星放送で気軽にメジャーリーグ中継が見られるわけではない。メジャーの情報は新聞頼りとなり、それ以外のルートでメジャーの情報を仕入れるとなるとメジャー通の記者に聞くことしかできなかった。

アスレチックスは阪神と同じアリゾナ州で春季キャンプを張っている。生きた教材をやすやす見逃すようなことはしたくない。私はチームの選手会長用のレンタカーを休日に運転し、一路アスレチックスのキャンプ地に向かった。

グラウンドに到着すると、阪神の関係者は誰ひとりとしていない。日本人がいたと思ったら、どうやら野球のことをあまり知らない旅行客が、たまたまここに立ち寄った程度であることを知った。

私は同室の若手と二人でアスレチックスの練習を1時間ほど見ていた。もう少し見たら帰ろうかな――そう思った瞬間、見覚えのある顔の人が二人、「おお、江本じゃないか」という声とともに私のそばに近寄ってきた。ヤクルトの監督、コーチを退任して野球解説者となっていた広岡さんと森祇晶さんである。

「阪神の選手でここに来ているのは、お前さんだけか？」

と広岡さんに聞かれたので、そのようですね、と私が答えると、

「ヘッドコーチの中西はどうして来ないんだ？　大方、彼のことだから街に出てショッピングにでも行っているんだろう」

広岡さんが呆れたような顔で私にそう返した。すると、今度は森さんが、

「本当にみんな来ていないのか？　すばらしい教材が目の前にあるんだぞ。こんなチャンス、そう簡単にあるわけじゃないのに、なぜ来ないんだ？」

と不思議そうな顔で質問してきたので、私は思わず、

「みんな野球が好きじゃないんでしょう」

とぶっきらぼうに答えると、広岡さんと森さんは大きな声で笑っていた。

たしかに、アメリカまで来て、なかなか情報が入ってこないメジャーのキャンプを見ることなど、当時はそうそうない。にもかかわらず、全員がメジャーキャンプの視察そっちのけで観光気分に浸っていたのだから、なんとも情けない。

メジャー流を取り入れた西武、見学のチャンスを逃した阪神

広岡さんと森さんは監督やコーチとしてユニホームを着ていたころから、「しばらくユニホームを着ない期間ができたらメジャーキャンプの視察に行こう」と決めていたそうだ。その最中、私と会う前日には各地のキャンプを見て回ったのだが、阪神には来なかった。

広岡さんと森さんとの挨拶をひとしきり行ったあと、広岡さんはこう言った。

「江本、今日は夕方まできっちり見ていくんだろう？　どうしてアスレチックスが強豪チームになったのか、君の目で分析して勉強していきなさい。私たちは、このあとブルペンやほかのグラウンドも回ってじっくり見ていくから、夕方になったらまた会おう」

正直な気持ちをいわせてもらえば、「まいったな」と思っていた。じつは、私はお昼くらいまでアスレチックスのキャンプを視察したあと、アリゾナの繁華街でショッピングをしようと考えていたからだ。このあとの予定が狂っちゃったなと嘆きつつ、午後もアスレチックスのキャンプを見続けることにした。

練習が終わるころに、再び広岡さん、森さんと合流すると、

「江本、なぜアスレチックスが強くなったのかがわかったぞ」

と広岡さんが話し始めた。アスレチックスは、キャンプ中は故障者を出さないように、練習メニューの綿密な計画を立てているだけでなく、食事面にも配慮したメニューを考案していたのだ。後年、広岡さんが西武の監督に就任すると、玄米を含めた自然食の食事にこだわっていたのは、アスレチックスのキャンプから学んだことだと気づいた。

メジャーのキャンプを学んでいたのはユニホームを脱いでいる広岡さんと森さんで、現役バリバリの阪神の首脳陣と選手たちが何も見ようとしなかったことが、その後の阪神と西武のチーム力の差を生んでしまったのかと思うと、それも納得せざるをえなかった。

「大丈夫か、こんな調子で……」

後述するが、この3カ月後、まさかブレイザーがユニホームを脱ぐことになるとは、このとき露ほども思わなかった。

掛布雅之が「レジェンド」になった本当の理由

田淵さんや古澤らが出ていくなど慌ただしいことがたびたび起きたチーム状況のなかで

唯一の救いは、若手のなかで最も見込みがあると思っていた掛布が順調にチームの顔として成長していったことだった。

身長は175センチとプロ野球選手のなかでは決して恵まれた体格とはいえないが、パンチ力があり、本塁打を量産するほどまでに実力を伸ばし、1979年シーズンは48本塁打を放って初の本塁打王のタイトルを獲得するまでにいたったのだ。

彼が試合に出場するようになったのは、打撃がいいことも挙げられるが、それ以上に守備に対する向上心が強かったからだ。習志野（ならしの）を卒業した入団1年目から一軍の舞台で経験を積み、メキメキと頭角を現してきた。私が阪神に移籍した1976年にはレギュラーとして試合に出場し続けていた。

彼に一目置いたのは守備を大事にしていたことである。高校時代は遊撃を守っていたが、阪神には藤田という中心選手がいる。掛布は三塁を死守するためにも、シーズンに入ってから特守、特守の毎日を送っていた。「おいおい、試合前なんだから、もうやめておいたほうがいいんじゃないか」。そう思うこともたびたびあったのだ。

しかし、掛布は違う。「投手から守備で『アイツのところに打球が飛べば大丈夫』と言われるまでに信頼されたい」という意識が高かった。その姿を見ているだけに、実際に掛布がエラーをしたとしても、「まあ、今回はしゃあないわ。次は頼んだぞ」という気になれたものだ。

掛布はそれまでの実績から、「打撃がよかった選手」と思われがちだが、じつは守備もすこぶるうまい。ベストナイン7度に加え、守備の名手がもらえるダイヤモンドグラブ賞（現ゴールデングラブ賞）に輝くこと6度。だからこそ、私は掛布は「守備の人」という見方をすることもある。

翻って、いまの阪神の内野陣はどうだろうか。当時の掛布のように努力している選手は、果たしているのだろうか。「日ごろからあれだけ練習をしている彼がエラーをするのならしゃあないわ」と思えてもらえるほど守備練習を積み重ねていく。そのことで得られる信頼は絶大なものであることを、掛布の姿勢から学んだ気がする。

王貞治さんに打たれた「3本の本塁打」

例の「アホ」騒動で現役引退することになったものの、私は内心「やり切った」という思いがあった。

「当時の力を考えたら、あと2、3年は現役が続けられたでしょう」と言う人がいまでもいるが、私はそうは思えない。当時の先発投手は完投するのが当たり前、五回か六回くらいまでしか抑えることができなければ、静かに身を引く以外に方法がなかったのだ。

11年間の現役生活のなかで完投数は78。山本昌は中日での32年間の現役生活で完投数が79。この数字が物語っているように、私たちの時代は「完投してこそ先発投手である」という一種の美学が存在していた。おそらく、あれ以上現役を続けていたら、見るも無残な投手となっていた可能性が高い。それだけに、「アホ」騒動によって引退時期がちょっとだけ早まっただけと、私はいまでもそう考えている。

阪神に移籍してからの思い出でどうしても語りたいのは、巨人戦での登板のこと。とりわけ王さんをほぼ抑え切ったことには満足している。

阪神に移籍した1976年から王さんが引退する1980年までの5年間での通算対戦成績は67打数9安打、3本塁打、打率1割3分4厘である。

数字だけ見れば、明らかに王さんを抑えている。あとで聞いた話だと、王さんと50打席以上対戦した投手のなかで最も抑えた投手は私だったようだ。世界のホームラン王に対して大変光栄なことである。

王さんには特別な対策を施していたのかといえば、そんなことはない。王さんへの攻め方はいつも同じパターンだった。ストレートをボールにして、変化球でストライクを取る。これだけだった。

しかし、マスコミは私が王さんを抑えたことなど、ほとんど取り上げてくれない。大々的に扱ってくれたのは「打たれたシーン」だけだった。

あれは1978年4月1日の巨人との開幕戦。後楽園球場は5万人の満員となり、私は開幕投手としてマウンドに立っていた。巨人1点リードで迎えた三回裏、一死満塁という場面で王さんに打順が回ってきた。ファウル、ファウル、ボール、ボール、ファウルの2ボール2ストライクで迎えた6球目、田淵さんはなぜかインコースに構え、ストレートを要求してきた。

普段であれば、「いえいえ、田淵さん、そこは変化球でしょう」と言えたのだが、開幕試合という独特な環境のなかでマウンドにいた私は、「ようし、いったれ」と、イケイケドンドンとばかりに気持ちが高ぶっていた。

そこでストレートを投げると、「カーン」と乾いた打球音とともに、一直線でライトスタンドに飛び込む満塁弾。この4失点が致命傷となり、試合は6対7で敗れた。

翌日のスポーツ紙は、「王、劇的な満塁弾」という見出しが並んだ。

紙面には笑顔でホームインしている王さんと、がっくりうなだれている私の写真が載っている。マスコミが待っていたのは、「王さんを抑えた江本」ではなく、「王さんに打たれた江本」の構図だった。

「阪神にいるかぎり、巨人は超えられないのか」

それを悟ったのが、このときである。

大阪にいれば、たしかにスポーツ紙の見出しは「阪神」の2文字が躍る。しかし、東京に来れば、一変して「巨人」「長嶋（茂雄さん）」「王」の見出しが中心となる。大阪しか知らないのは井の中の蛙だ――そのことを王さんに打たれたことによって思い知らされたのである。

話はこれで終わらない。打たれた3本の本塁打にはある事実が隠されている。3本すべてが満塁弾だったことだ。

たしかに、ほかの人から見ると王さんを抑えていたイメージが強いのかもしれないが、私にとっては「被本塁打3本が満塁弾だった」という事実は、一生消え去ることがないほど、いまでも悔しさばかりが残っている。

第3章

1985年11月2日、西武ライオンズ球場（現ベルーナドーム）で日本一を決め、優勝投手のリッチ・ゲイルに駆け寄る阪神ナイン。ここから暗黒時代に突入するとは誰も予想していなかった。

1985年から「暗黒時代」へ

崩壊は「日本一」の前から始まっていた!?

「暗黒時代」はいつから始まったのか

阪神の歴史を振り返ったとき、１９８０年代後半から２００１年までの時期を「暗黒時代だった」と呼ぶファンは多い。１９８５年に21年ぶりのリーグ優勝と日本一、その翌年は3位と、前年の成績をやや維持したものの、１９８７年の最下位を起点に、２００１年までの15年間でBクラスがなんと14度もある。

内訳を見ると、4位2度（１９９３、１９９４年）、5位2度（１９８９、１９９７年）、最下位にいたってはなんと10度（１９８７、１９８８、１９９０、１９９１、１９９５、１９９６、１９９８～２００１年）というありさまだった。Aクラスにいたっては、１９９２年の2位が1度だけ。開いた口がふさがらないとは、まさにこのことを言うのだろう。

それでは、俗にいう暗黒時代は１９８７年から始まったのかといわれれば、それは違う。私が思うに、元をたどれば１９８０年だったと思っている。この年は、あのドン・ブレイザーが阪神の監督だったときである。

前にも書いたように、ブレイザーは阪神再建のために招聘された監督であり、南海時代と同じようにチームを躍進させてくれた。監督就任1年目の1979年の順位は4位だったが、巨人からトレードでやってきた小林がシーズン22勝を挙げ、最多勝、沢村賞のタイトルを獲得。ブレイザー野球が浸透した2年目は、チームはさらなる躍進を遂げる……球団関係者はもとより、大阪の多くの阪神ファンはそんな期待を抱いていた。

ところが、この年はいきなりその風向きが変わってしまう。前年秋のドラフトで早稲田(わせだ)大から1位指名で入団した岡田彰布の起用法をめぐって、フロントとブレイザーが対立してしまったのだ。

ブレイザーの主張は次のとおりである。

「どんなに力のあるルーキーでも、メジャーリーグではいきなり試合で起用することはない。だから二軍で結果を出してから起用する」

この言葉を聞いた岡田自身が反発。周囲も「そんな理由はおかしいやろ」という声が大きくなっていった。シーズンに入ると「岡田を使え」の声が日増しに大きくなっていったのと同時に、ブレイザーの自宅にカミソリ入りの手紙が届くなど、悪質ないやがらせもされるようになった。しまいには小津球団社長までもが、「なぜ、岡田を使わないんだ」とメディアの前で露骨に発言するようになり、ブレイザーは四面楚歌(しめんそか)の状態となっていく。

チーム内はもはやバラバラになっていた。

ちょうどこのころ、岡山で試合が終わったあと、私がホテルの部屋にいると、ブレイザーに「バーにいるから来い」と呼ばれた。南海時代から知っていた私たちは同じ席に座り、ブレイザーの話に耳を傾けた。

すると、彼は冷静にこんなことを話し始めた。

「岡田は、たしかにいい選手だ。でも、僕は岡田のことを嫌いでもなければ、恨みだってあるわけがない。まだ試合で結果を出すのは無理だと思っているから起用しないだけなんだよ。いま無理して起用して、それで取り返しのつかない失敗をしてしまったら、誰が責任を取るんだ。岡田本人だって永遠に浮上してこないことだって考えられる。そんな無謀な賭けのような起用法は絶対にしたくないんだ」

たしかに、ブレイザーが言っていたことは本当だろう。岡田と何か軋轢があったわけではないし、そもそもブレイザーと岡田がトラブルとなるような事態に陥ったことなど、それまでにも一度もなかった。私はブレイザーの言葉を信じて、「これからもこの人を男にするために戦っていこう」と決意を新たにした。

なぜ、ドン・ブレイザーは頑として岡田彰布を起用しなかったのか

だが、その3日後、事態は大きく動いた。岡田を起用しないことにしびれを切らした小津球団社長がブレイザーと話し合いの場を持ったのである。

「なぜ、岡田を使わないんだ。岡田を使わない理由があるのか」

こう言われたブレイザーは私に話してくれたことと同じ内容のことを小津球団社長に伝えた。しかし、小津球団社長は引き下がらない。

「どうしても岡田を使えないって言うんだな！　だったら監督を辞めてくれたっていいんだぞ」

この言葉を聞いたブレイザーも、ついに堪忍袋の緒が切れた。

「オッケー、そこまで言うのなら辞めさせていただきます」

こうして、ブレイザーの監督解任が決まった。このとき私は、「なんや、それは!?」と予想だにしない結末に脱力してしまったことを、いまでもよく覚えている。

ブレイザーには岡田を「こうやって育成していこう」というプランがあった。そのあい

だは別の二塁手を起用し、岡田が一軍の戦力となりうると判断した時点でスタメンに名を連ねようと考えていたはずだ。

いまでも一部のプロ野球ファンが、甲子園や大学野球などのアマチュアで実績を残し、鳴り物入りで入団したにもかかわらず一軍に呼ばれない選手に対して、「一軍で起用して育てる気はないのか」と主張する人がいる。しかし、この考え方は間違っている。一軍はあくまでも「結果だけを残す場所」であって、「育成する場所」などではない。育成しろと言うのであれば、それは二軍で行えばいいだけの話なのだ。

二軍で実力をつけ、現場の首脳陣から評価され、一軍の監督に進言する。そうして一軍からお呼びがかかるのだが、それでも、いざ一軍の試合に出ても、すぐに結果を出せないなんてことはよくある話だ。それでも、「一軍と二軍は何が違うのか」「再び二軍に戻ったら、どんなことをテーマに掲げて練習に取り組んだらいいのか」などを自分なりに考えて、課題を克服すべく日々の練習に励む。そうして、また二軍で結果を出すことができれば、再び一軍に行く――ということを繰り返して一軍に定着していく選手などプロ野球の世界にはゴロゴロいる。ブレイザーは「二軍で揉まれて、たくましく成長した岡田」になってからでもレギュラーに定着させるのは遅くないと判断してのことだったのだ。

ただ、私はブレイザーがいなくなったことは、のちの阪神に暗い影を落とし、暗黒時代を迎えた決定的な要因だったと考えている。かつてパ・リーグのお荷物球団といわれた阪急ブレーブス（現オリックス・バファローズ）がダリル・スペンサーが加入したことでパ・リーグ屈指の強豪チームに変貌し、南海も鶴岡一人さんの野球が限界を迎えたところでブレイザーが加入し、野村さんのもとで「シンキング・ベースボール」を注入し、弱小の戦力でも優勝争いできるだけのチームに育てた。阪神も弱小チームになりかけたところにブレイザーがやってきて「シンキング・ベースボール」を注入すれば、これまでの野球と180度違った戦い方ができる。そう期待していたのだ。

それができなくなった時点で、阪神がセ・リーグのお荷物球団と化していくのは必然だったのである。

中西太さんが原因ではなかった？ 私の引退騒動

2022年5月11日、中西太さんが90歳で亡くなられたという訃報があった。中西さんとはいろいろあったが、晩年は球場の内外でお会いした際に世間話をよくしていた。それ

だけに、私にとっても、現役最後となった１９８１年のシーズンのことは、「もう終わったことだから」と思えるようになったのも、また事実なのである。

この年、代理監督だった中西さんが正式に監督となって新たな船出となったものの、私は二桁勝利のシーズン記録が８年連続で途絶え、心ここにあらずといった状態だった。

そのうえ、ローテーションの一角を任せてくれるような期待が首脳陣にはなく、私はシーズンの早い段階で「今年かぎりでユニホームを脱ごう」と決意していた。当時の先発投手は中４日で投げることが当たり前とされていた時代だ。20代のころのように先発で完投し、体力を回復させ、５日後に再びマウンドに上がれるような投手でなければローテーションには入れない。

実際に私自身、前年から体力の衰えを感じるようになっていた。外角低めにストレートを投げ、「よし、ストライクだ」と思った瞬間、「ボール」と判定されたことが一度や二度ではなかった。ボールの勢いとキレが微妙になくなりつつあると悟らざるをえなかった。

この年の７月で私は34歳を迎えようとしていた。ベテランとして若手の見本にもならなければいけない時期だったのだが、若いころのような体力がなくなっていたことで、試合でその姿を見せられなかったことは本当に悔やんでいる。当時の阪神の投手陣は、小林繁を除くと、あとは「帯に短し襷に長し」で、柱になるような投手がいなかった。こうしたことが、のちの暗黒時代を迎えた際に、慢性的な投手不足につながっていくのだ。

あらためて中西さんのご冥福をお祈りするとともに、私がこの年かぎりで阪神を退団したのは、私自身が感じていた衰えによるところも大きいということを伝えておきたい。

「1985年」の最大の功労者は安藤統男さん

私がユニホームを脱いで4年後の1985年、吉田さんが2度目の監督となったこの年に、阪神は21年ぶりのリーグ優勝、そして初の日本一を果たした。大阪はもとより全国の阪神ファンが狂喜乱舞するほどの猛虎フィーバーとなった。吉田さんはファンのあいだで「ヨッさん」と呼ばれ、「名将」などと賛辞を送るファンまで現れたが、残念ながら名将と呼ばれるには実績が乏しい。

阪神がこの年に日本一になれたのは、いい選手がそろって、レギュラー全員が長期の戦線離脱をすることなくコンスタントに成績を残せることができたこと、それと中西さんのあとを受け継ぎ、1982年から1984年までの3年間監督を務めた安藤統男さんの功績が大きい。

安藤さんは土浦一、慶應義塾大と、野球はもちろんのこと勉強の面でもエリート街道と呼ぶにふさわしい人生を歩んできた。あの川上哲治さんから巨人入りを勧められるも、「強いチームでプレーするより、強いチームを倒すチームでプレーしたい」と断ったエピソードは、一部の阪神ファンのあいだでは有名である。

現役引退後は一軍守備走塁コーチや二軍監督などを歴任し、１９８２年に監督に就任するまで、ずっと阪神のユニホームを着続けた。こういうと、球団の上層部に対しておべんちゃらでも使ったのではないかという見方をする人がいるかもしれないが、決してそんなことはない。安藤さんは吉田さんや後藤さん、中西さんら以上に卓越した野球理論を持っていて、その指導法には定評があった。

事実、私も中西さんが一軍の監督となったときにソリが合わずにいたとき、安藤さんがブルペンで私の投球を見てくれたことがある。そのとき14、15球程度投げた段階で、

「エモ、もういいよ。お前さんのボールを見るかぎり、調子はよさそうだね」

と言ってくれていた。ああ、見る人がきちんと見てくれたらわかるんだなと、そのときは感謝していた。

その安藤さんが監督として1984年のシーズンが終わろうとしていた段階で翌年も契約することになっていた。だが、チーム成績が4位でBクラスに終わったことや、ルーキーの池田親興(いけだちかふさ)の10勝目が最終戦で消えてしまったことなどで阪神ファンが大騒ぎとなった。シーズン中には安藤さんの自宅に宛名不明でゴキブリの死骸が入った封筒が届き、夫人がストレスから白髪頭になってしまうなど事態は混迷を極めた。その結果、翌年の監督続投の話は流れ、吉田さんが2度目の監督就任となっていく。

もし安藤さんがそのまま続投だったら、それでも阪神は優勝していたはずだ。掛布や真弓、岡田といった面々が選手としてピークを迎え、外国人助っ人のランディ・バースも来日して2年目が過ぎ、日本の投手に慣れてきて実力を発揮している。監督が安藤さんであっても、彼らが活躍する姿が容易に想像できた。

つまり、吉田さんは、たまたまラッキーな時期に監督になった。選手の力がアップしていたことで勝ったのだ。その後、低迷したチームを立て直すことができなかったことを考えれば、当然の結論なのである。

「伝統の一戦」より盛り上がった「王巨人vs.星野中日」

阪神が暗黒時代に突入したとき、巨人の成績はどうだったかといえば、コンスタントに優勝と日本一を達成している。阪神と同じ1987年から2001年までの15年間でリーグ優勝6度（1987、1989、1990、1994、1996、2000年）、日本一3度（1989、1994、2000年）を達成している。このころはパ・リーグの西武が黄金期を築いていて、西武の成績と比較すると見劣りしてしまうが、セ・リーグでは優勝争いに顔を出すことが多く、存在感という面では十分保持していたように思える。

その巨人がライバル視したのが、1980年代後半は間違いなく中日だった。1986年オフに星野さんが中日の監督に就任すると、真っ先に掲げたのが「打倒・巨人」だった。それを実行するためにもチームのベテランだった谷沢健一を引退させ、チームの顔へと成長していた牛島和彦を含む4人をロッテに放出して落合博満を獲得。王監督率いる巨人と星野さんが監督に就任した中日はセ・リーグの新たな目玉のカードとなっていった。

この年、ユニホームもロサンゼルス・ドジャースをイメージしたデザインに一新し、中日ファンは大いに期待した。そして、星野中日が掲げたキャッチフレーズは「ファイティング・ベースボール」。この言葉どおりの乱闘プレーが6月11日の巨人戦で起こった。

死球に怒った巨人のウォーレン・クロマティが中日の宮下昌己（みやしたまさみ）投手を殴り、両軍入り乱れての大乱闘に発展。星野監督は巨人の王監督の左肩をこづくと、目の前で拳を突き出した。

「やるんなら、やろうじゃないか！」

これに対して王監督は、

「すまない。けれども、われわれが主役になっちゃいけないんだよ」

そう言って星野監督を押しとどめた。闘争心が欠けた中日の選手が巨人に怯（ひる）むことなく立ち向かっていく。この構図を新鮮に感じたファンが中日の頑張りをあと押しした。その後も「巨人・中日戦」はセ・リーグの目玉カードとなっていった。王さんに対して星野さんがどう立ち向かっていくのか。その姿に一喜一憂するファンがひとり、またひとりと増え、後楽園球場、１９８８年に産声を上げた東京ドーム、中日の本拠地であるナゴヤ球場は、つねに超満員の状況だった。

しかし、当時の阪神はというと――まさに暗黒時代の真っただ中で、１９８７年、１９

88年は2年連続で最下位。1987年にいたっては勝率3割3分1厘と球団史上最低を記録。この年、セ・リーグの首位打者を分け合った巨人の篠塚利夫（現・和典）と正田耕三の打率が3割3分3厘と彼ら以下の数字だった。星野中日の人気がピークのときには、阪神は見るも無残な状況となっていて、チームの再生は容易ではなかったのである。

「悲劇の投手」から「悲劇の監督」になった村山実さん

阪神の監督で最も貧乏くじを引いたのは村山実さんである。村山さんは関西大から鳴り物入りで阪神に入団。天覧試合で長嶋さんが逆転サヨナラ本塁打を打ったときの投手として「悲劇の投手」という目で見られていた。

しかし、現役時代は14年間で通算222勝をマーク。1970年には選手兼任監督に就任し、3年間で2位、5位、2位と成果を残した。「吉田がダメなら村山で」。球団の上層部がそう判断してもおかしな話ではない。

かくして16年ぶりに現場復帰となったのだが、3年前に優勝したときにクリーンアップを打っていた3人がこぞって振るわなかった。主砲の岡田が2割6分7厘、23本塁打、72

打点と平凡な成績で終わる。しかし、岡田は試合に出ていたからまだいいほうだ。

バースは子どもの治療をめぐって球団と対立し、シーズン途中で退団。掛布にいたっては33歳の若さで現役引退するにいたり、村山さんにとってはまさに踏んだり蹴ったりの1年だった。結局、この年も前年に引き続き最下位で終わり、低迷したままで終わった。

当時の岡田は31歳、バースは34歳、掛布33歳と主力の高齢化が進んでいた。このほかにも真弓が35歳、北村照文（きたむらてるふみ）が1988年途中に西武に移籍、弘田澄男（ひろたすみお）は1988年に引退と、1985年の日本一のメンバーも過渡期を迎えていた。急速な世代交代を進め、かつ若手選手を主力に育て上げるという超難題なミッションを、村山さんはクリアしなければならなかった。

翌年、捲土重来（けんどちょうらい）を期して臨んだシーズンだったが、低迷した状況に楔（くさび）を打ち込むことができず、5位という成績で終わる。とくに痛手だったのがバースや掛布に代わる大砲として獲得したセシル・フィルダーだった。開幕から9月までに38本塁打を記録したものの、三振した腹いせにバットをグラウンドに叩きつけた際、手に当たって骨折が判明。そのままシーズンを棒に振って静かに帰国した。長打率がこの年、近鉄をリーグ優勝に導いたラルフ・ブライアントより上で、ケガさえなければ本塁打王は間違いなく獲得できただけに、この失態はお粗末すぎた。

そのうえ若手で抜擢した和田豊、大野久、中野佐資の3人を、なんとかものにしようとスタメン起用したものの、大野と中野は一軍のレギュラークラスで活躍するには荷が重すぎたようで、村山さんが期待するような活躍ができなかった。大野は1991年にダイエー、1995年に中日に移籍して引退。中野は1993年に8年の現役生活に終止符を打った。

「低迷したチームを低迷したままで終わらせる」という結果に加え、「過去の名選手が名監督にはなりえない」ことを村山さんが実証し、わずか2年の監督生活での退陣となってしまった。

阪神の暗黒時代を築き上げたのは巨人ではなかった

暗黒時代に阪神が最も苦手にしていた球団を、みなさんはご存じだろうか？

「15年間で最下位が10度もあるのだから、どこも苦手だったでしょう」と指摘する人がいるかもしれないが、それは違う。

表2｜セ・リーグの対戦チームの総勝敗数（1992〜1998年）

順位	チーム	勝敗数
1	ヤクルト	503勝417敗
2	巨人	486勝434敗
3	中日	458勝462敗
4	広島	456勝464敗
5	横浜（現・DeNA）	451勝469敗
6	阪神	406勝514敗

何を隠そう、じつはヤクルトだったのだ。当時のヤクルトの監督といえば、あの野村さん。とくに顕著なのが、ヤクルトが15年ぶりにリーグ優勝した1992年から監督を退任することになった1998年までの8年間である。

まずはセ・リーグ6球団の成績を見てもらいたい（表2。以下、引き分けは省略）。

総勝利数ではヤクルトが巨人を17勝も引き離してトップの数字となっている。一方で、ヤクルトは巨人、中日には負け越している。つまり、野村さんの野球は、この2チームには大きく通用したとは断言できない。

にもかかわらず、どうして野村さんはヤクルトでリーグ優勝4度もできていたのか。

その答えは、「阪神に大きく勝ち越していたから」だ。

表3の数字は1992年から1998年まで、ヤクルトとセ・リーグの5球団の対戦成績である。

阪神とは7年続けてお得意さんにし続け、貯金はなんと64にものぼる。とくに1995年は20勝6敗、1996年は19勝7敗、1997年は20勝7敗と圧倒していた。

表3｜ヤクルトの対戦チームの勝敗数
（1992～1998年）

チーム	勝敗数
巨人	90勝94敗
中日	89勝95敗
広島	100勝84敗
横浜	100勝84敗
阪神	124勝60敗

対する阪神は、ヤクルト以外のセ・リーグの4チームとはどのような勝敗数だったのか（表4）。たしかに巨人には38、広島に18、中日に8と負け越してはいるものの、ヤクルトに負け越しているほどの数字ではないことがわかる。つまり、野村さんがヤクルト時代に標榜していた「ＩＤ野球」は「阪神の存在なくして成立しなかった」わけだ。

そして、このことに気づかない阪神関係者、そして野村さんに悲劇が訪れるのは、この数年後のことであるが、詳細はあらためて書くことにしよう。

田口壮が突きつけた「阪神に行きたくない10カ条」

この時代、阪神はドラフトで選手を獲得するのも苦労した。それを象徴するのが関学大の即戦力遊撃手として、1991年のドラフトの目玉となった田口壮である。

1990年から監督が中村勝広に代わり、2年目が終わろうとしていたのだが、チームは新陳代謝を行う必要があった。それまで遊撃でレギュラーを張っていた和田が翌年から二塁にコンバートされること、平田勝男はもはや衰えが顕著となり、世代交代を行う意味でも、田口の指名は阪神にとっては打ってつけだった。

ところが、ドラフト会議直前に田口は突如記者会見を開き、「阪神に行きたくない10カ条」なるものを読み上げたのだ。その内容は

表4｜阪神の対戦チームの勝敗数
（1992～1998年）

チーム	勝敗数
巨人	73勝111敗
中日	88勝 96敗
広島	83勝101敗
横浜	102勝 82敗
ヤクルト	60勝124敗

次のとおりである。

その1　自分は野球選手である以上、常に勝利というものを目標として野球人生を送りたい。

その2　自分の夢は日本シリーズで優勝する事であり、阪神が日本シリーズで優勝することは、夢にしても出来過ぎている。

その3　中村監督が個人的にはあまり好きな人種ではない。陰気臭いという感じがする。

その4　球団がせこい。金儲けのことしか頭にないように見える。

その5　フロントの二枚舌が酷いという。傍から見ていてもその信憑性は高いと感じられる。

その6　ファンである川藤（幸三）コーチが辞任した。他の阪神のユニホームを着た人間に打撃など教わりたくもない。

その7　阪神ファンのマナーが悪すぎる。甲子園球場で野球観戦をしたことは何度もあるが、野球を見に来ているというよりも、騒ぎたいだけのバカの集まりのようにしか見えない。

その8　これほどまでに勝てないのは育成部門が悪いのではないか。自分も潰されそうで恐ろしい。
その9　阪神沿線が肌に合わない。
その10　大物選手がロクな辞め方をしていない。選手を大事にしない球団には入りたいと思わない。

正直いって、よくぞこれだけ挙げられたものだ、と感心してしまう。

とくに「その2」「その4」「その5」「その8」「その10」の5項目は阪神という球団を外からよく見ているなと驚いてしまった。「その10」は私もそのひとりに入るはずだが、まだプロに入る前のいち大学生からこのようなことまで言われてしまうのは、はっきりいって恥ずかしいし、球団も考えを改めるべきであることは間違いない。

一方で、「その3」は個人的な見方が強すぎるし、「その6」はピントがズレすぎだと感じた。とくに川藤に教わったからといって打撃技術が向上するとは思えない。むしろ「低下するかもしれない」と考えるのが普通ではないだろうか。「川藤のファン」であることは否定しないが、だからといって「打撃技術を教えるのがうまい」とはかぎらない。その点は田口も考えて発言すべきだった。

結局、田口は同じ兵庫に本拠地を持つオリックス・ブルーウェーブ（現オリックス・バファローズ）に1位で入団。1995年にリーグ優勝、1996年はリーグ優勝と日本一の両方を達成した。その後はメジャーにも移籍し、ワールドシリーズのチャンピオンリングを2個ももらうまでの選手になったことを考えると、田口の選択は間違っていなかった。

ただし、阪神も考えなければいけないことがある。オリックスは球団を創設してから8年、東北楽天ゴールデンイーグルスは9年で日本一になったが、阪神は50年目でようやく日本一になった。しかし、その後35年間、一度も日本一に輝いていない。つまり、「その2」の「阪神が日本シリーズで優勝することは、夢にしてもできすぎている」という一文を、阪神の関係者はどう考えるのか。球団全員が一体となって、そろそろ本気の結果を見せてほしい。

私が考える「1992年」の最大の功労者

1992年は阪神が暗黒時代において唯一躍進したシーズンである。最後の最後までヤクルト、巨人と三つ巴で争い、最終的には甲子園球場でヤクルトの胴上げを見るハメとなったが、健闘したといっていい。

その要因は、亀山努（現つとむ）と新庄剛志（現・日本ハム監督）の若いコンビがチーム内に新風を吹かせたことも一因に挙げられるが、私はラッキーゾーンが撤廃されたことによって投手陣が伸びのびかつ思い切り腕を振って投げられたことが大きいと考えている。

その代表格がサウスポーの仲田幸司である。仲田は沖縄の興南から1983年のドラフト3位で阪神に入団。伸びのあるストレートにドロンと大きく曲がるカーブを武器に、「3、4年先はローテーションに入る」などと期待されていたものの、肝心のコントロールが荒れていて安定感のある投球ができずにいた。シーズンで7〜8勝はしていたが、負け数が二桁を超えるケースばかりで、左腕エースと呼べるレベルではなかった。

それが1992年は突如として大ブレイク。新たな決め球となったスライダーがコーナーにビシバシ決まり、オールスターゲームのファン投票でセ・リーグ投手部門の第1位を獲得。現役生活で唯一のオールスター出場を果たした。

じつは、この年は私自身が野球をほとんど見ていなかった。7月に実施された参議院選挙でスポーツ平和党から比例代表で出馬して初当選したため、野球解説より選挙中心の生活を送っていたのだが、たまたまテレビやラジオをつけて阪神戦の中継を見聞きしていると、仲田が好投している姿ばかり目にしていた。

「仲田って、こんないい投手だったっけ？」

そう驚きつつも、バッタバッタと三振を取る姿が印象的だった。

結局、仲田は最多奪三振のタイトルとともに14勝（12敗）を挙げた。彼の現役生活で初めて勝ち越したシーズンとなったが、優勝争いに間違いなく貢献した選手のひとりである。

しかし、その活躍は長くは続かなかった。セ・リーグの5球団が「なぜ、仲田は活躍したのか」を徹底的に分析し、「スライダーでストライクが取れるようになった」という結論を出した。そこで翌シーズンはストライクを取りにくるスライダーを狙っていくと、これが実を結び、仲田はノックアウトされる試合が続いて3勝12敗に終わる。

その後の2年間も思うような成績が残せなかったため、阪神のフロントから「君のFA権は紙切れ同然のものだ」とつれないことを言われ、FA権を行使してチームを出ていくことになった。仲田は憤慨しただろうが、この成績ではしかたない部分はあると感じたのもまた事実であった。

松永浩美よ、「Ｙｏｕは何しに阪神へ？」

阪神の暗黒時代において、ひと筋の光明となりそうだったのが、１９９２年オフにオリックス・ブルーウェーブからトレードで移籍してきた松永浩美の存在だった。松永は阪急・オリックスでシュアな打撃と華麗な守備で長年にわたって活躍。その彼が野田浩司投手とのトレードで阪神に移籍し、オリックス時代と違わぬ活躍が期待されていた。

実際、１９９３年の中日との開幕戦では５打数５安打２打点と大活躍。その後もチームのために貢献してくれる――と思いきや、開幕３試合目で早くも故障で戦線離脱。その後はなんとか挽回するものの、80試合に出場して打率２割９分４厘、本塁打は８本にとどまった。12年ぶりに規定打席に届かず、チームの順位も４位とＢクラスに転落した。

そうして迎えたシーズンオフ――なんと松永はこの年から導入されたＦＡ権を行使してダイエーに移籍することとなった。この年は中日の落合がこの権利を行使して巨人入りを果たしたが、初めて行使したのは松永だったのだ。

ＦＡ宣言をしたあと、他球団と交渉する前に阪神と残留交渉を行ったが、結果は６００

万円のダウン提示。同席した阪神の上層部から「君とは縁がなかったんだよ」と突き放すように言われ、松永は「この球団とはこれまでだ」と立ち去った。

阪神側にすれば、松永の成績には不満を感じていたのだろうが、そもそも「来年、ひょっとしたら松永は、この権利を行使して他球団に行くかもしれない」という危機意識が欠けていた。なぜなら、選手会を通じてＦＡ権をつくるよう要請していたのは、ほかならぬ阪急・オリックス時代の松永だったからだ。

高校を中退してプロの世界に入ってきた松永にとって、１９８８年のドラフトの目玉と騒がれていた慶應義塾大の志村亮（しむらりょう）があっさりプロ拒否宣言をしたとき、「プロの世界は魅力がないんだ……」と衝撃を受けた。それをきっかけに、「あとから入ってくる選手が自分が入りたい球団を選べるように」という意味から、この制度の制定に尽力した。

つまり、ＦＡ制度が実施された時点で、松永がこのような行動に出ることは考えておかなければならなかったわけだ。

それでは、松永は阪神に何を残したのか。すなわち「Ｙｏｕは何しに阪神に来たのか？」。

ズバリ、「トレードの交換相手は慎重に選ばなければならない」という戒めを阪神の上層部に与えたことだ。

松永とのトレードで交換相手となった野田は、オリックスに移籍すると、いきなり17勝を挙げて最多勝のタイトルを獲得。翌年以降も12勝、10勝と3年連続で二桁勝利を記録したのだ。

野田は外れながら1987年のドラフト1位で入団した有望株だった。しかし、阪神では突き抜けるほどの活躍はできなかった。それがオリックスに移籍した途端、阪神時代とは違って大きくブレイクしたのである。彼は現役引退までに通算89勝を挙げたが、オリックスで半分以上の54勝を記録。まさにオリックス側からしてみれば、松永とのトレードさまさまの心境だったに違いない。

この結果を教訓にして、阪神の上層部は、「自分たちが損してしまうようなトレードはしてはいけない」と考えるようになったと聞く。もがいていた藤浪を、なかなかトレードに出さなかった理由があるとすれば、このときの松永と野田のトレードが良い意味でも悪い意味でも教訓となっている――という私の推論は、あながち間違っていないはずだ。

新庄剛志のポテンシャルを生かせなかった理由

暗黒時代は何をしても「貧すれば鈍す」の繰り返しだった。育てたい選手がいても思うように成長しない。１９９５年の新庄がまさにこれに当てはまった。

新庄は福岡の西日本（にしにっぽん）短大付から１９８９年のドラフト５位で入団した。野球の技術はまだおぼつかなかったが、類い稀な身体能力の高さは、当時のチーム内においてもピカイチだった。

彼がブレイクしたのは１９９２年。阪神が2位に終わった年である。爽やかなルックスに豪快にバットを振り回す姿は多くの阪神ファンの心をつかんだ。それまでは、どちらかというと爽やかさからほど遠い選手の集まりだったチームでも、新庄の存在は新たなファンの獲得に大いに貢献した。

ところが、その後は伸び悩み、チームの中心選手にふさわしい成績を残せないままで迎えた１９９５年のシーズン中に事件は起きた。新庄が当時の二軍監督だった藤田平に正座させられたのである。当時のスポーツ紙に掲載されて騒動となったのだが、藤田監督は、

『遅刻したのと同じ時間、正座する』というルールを選手間で話し合って決めた」と言っている。一方の新庄は「足を痛めてトレーナー室に来ていたことが監督に伝わっていなかった」と明かした。

これは首脳陣にも責任がある。一軍と二軍のあいだの情報共有に問題があったと考えるのが自然だろう。しかし、長年にわたって若手を甘やかしていたことで、正座のルールを決めなければならないほど遅刻が蔓延していたのも事実で、こんなチーム状態で後半戦から勝とうなどと考えるのは、どだい無理な話である。

その翌日、一軍監督だった中村勝広が成績不振を理由に辞任したため、藤田に代理監督のお鉢が回ってきた。

話はこれで終わらない。この年のオフ、新庄は「野球センスがない」という理由で突如、引退発表をしたのだ。

結局、新庄は引退を撤回し、翌年以降も現役を続けたものの、阪神ではいまひとつ調子に乗り切れないシーズンが続いた。藤田監督も低迷したチームを立て直すことができずに、この年かぎりで辞任。3たび監督が吉田さんになってからも浮上する気配すら見せることなく、5位、6位と暗黒時代は続いていくのであった。

一方、新庄はメジャーリーグのニューヨーク・メッツなどで活躍後、日本ハムで日本球界に復帰。記憶に残るプレーを連発してパ・リーグの人気を高めたことは記憶に新しいところだ。

暗黒時代にフロントがチーム強化より重視していたこと

1980年代から1990年代にわたって続いた暗黒時代から阪神の上層部は何を学んだのか。私は「チームを強くすること」ではなく、「ゼニの稼ぎ方」を覚えたのだと確信している。なぜなら、「どんなに弱くても、お客さんは甲子園球場にしっかり来てくれる」ことを知っていたからだ。

私が引退した1981年から1998年までの18年間のチーム成績と観客動員数を見てほしい（表5）。

観客動員数を見れば、私が現役最後の年となった1981年が最も少ない。それでは日本一になった年が最高だったのかといわれれば違う。2位に終わった1992年の285万3000人が最高なのである。

表5｜阪神のチーム成績と観客動員数(1981～1998年)

年度	監督	順位	観客動員数
1981	中西 太	3	1,641,000
1982	安藤統男	3	1,928,000
1983	安藤統男	4	1,799,000
1984	安藤統男	4	1,934,000
1985	吉田義男	1	2,602,000
1986	吉田義男	3	2,360,000
1987	吉田義男	6	2,129,000
1988	村山 実	6	2,069,000
1989	村山 実	5	1,849,000
1990	中村勝広	6	1,894,000
1991	中村勝広	6	1,820,000
1992	中村勝広	2	2,853,000
1993	中村勝広	4	2,768,000
1994	中村勝広	4	2,704,000
1995	中村勝広	6	2,073,000
1996	藤田 平	6	1,860,000
1997	吉田義男	5	2,268,000
1998	吉田義男	6	1,980,000

1995年は藤田平が、1996年は柴田猛がシーズン途中から監督代行。

注目してもらいたいのは、吉田さんが監督の時代の観客動員数である。監督5年間のうち、Aクラス2度（1985年の1位、1986年の3位）、Bクラス3度（1997年の5位、1987、1998年の6位）であるにもかかわらず、観客動員数だけを見れば200万人超えを4度も果たしている。しかも、1998年は198万人だったことを考えると、実質は200万人だったといっても過言ではない。

つまり、阪神の上層部、いわゆるスーツ組は、「勝ち負けよりお客さんを呼び込める人」、すなわち甲子園球場内も含めてゼニを置いていってくれるお客さんさえいてくれればそれでいいと考えていたフシがある。ゼニ勘定しかしていない球団で「チームを勝たせてほしい」と言われたところで、現場のユニホーム組は「本音はそうじゃないでしょう」と、ただただ白けるだけだ。

スーツ組の微妙な温度差は選手にも伝わってしまう。たとえば契約更改。選手は公明正大に話をしたいと思っているにもかかわらず、スーツ組はいつも上から目線で「これでどうや」と来る。少しでも拒もうとするものなら、

「お前の価値なんて、この程度のものや！」

と恫喝（どうかつ）まがいの言い方をする者が上層部の人間にいたとも聞く。代理人をつけて契約更

改に臨もうとする者まで現れたが、まともな交渉ができないのだから、これはこれでいたしかたのないことなのである。チームの強化より観客を増やすこと、すなわちゼニ勘定優先の球団経営の方針が、この時代に完成されたのである。

こうして阪神の暗黒時代は過ぎていった。低迷から脱出するために考えられる手をすべて打ったとはいいがたいし、その場しのぎの監督の人選であったり、選手の獲得、放出だったりしたように思える。そしてこの流れは吉田さんの次の野村さんまで続き、星野さんでいちおうの区切りを打つ——ということになるのだった。

第4章

2003年9月15日、甲子園球場でリーグ優勝を決め、胴上げされる星野仙一監督(当時)。ここにいたるまでには周到なシナリオが描かれていた。

2003年「猛虎復活」の舞台裏

野村・星野・岡田、それぞれの功罪

阪神で勝てないのは必然だった野村克也さん

阪神の暗黒時代を変えることができなかった監督といえば、野村さんの名前が浮かんでくる。ヤクルトでの監督時代の9年間、リーグ優勝4度、日本一3度はたしかに立派な数字である。

野村さんの手腕については、私も南海時代の4年間に同じチームで間近に見ていた。圧倒的な戦力で当時のパ・リーグで黄金時代を築いていた阪急に対して、南海は野村さんがあの手この手で策を練り、どうにか対等に戦えていたことを考えると、野村さんが知将と呼ばれていたのもわかる。

しかし、結果的に阪神では3年連続で最下位と沈んだままだった。三顧の礼を尽くして阪神の監督に迎えられたものの、これといった成果をほとんど残すことなく阪神を去っていった。

野村さんはヤクルトでの監督就任1年目の1990年は5位だったものの、翌年は3位と順位が上がり、3年目の1992年には14年ぶりのリーグ優勝に導いた。まさに「1年目は畑を耕し、2年目は種をまき、3年目は実をつくる」を実践した結果となった。

その後、1993年もリーグ連覇、15年ぶりの日本一を達成し、1994年4位、1995年1位、1996年4位、1997年1位、1998年4位と、1位と4位と交互に繰り返した。こう書いていくと、なるほど優勝もしているし、Bクラスになってはいるものの、及第点以上の評価を与えられるだろう、と多くの人は考えるはずだ。

だが、第3章で書いたように、ヤクルトが最もカモにしていたチームは阪神だった。にもかかわらず、阪神のフロントは、あろうことか、野村さんを阪神の監督に招聘したのである。

そうなると、次のような疑問が出てくる。

「なぜ、阪神はヤクルトの監督としてカモにされていたはずの野村さんを阪神の監督に据えたのか？」

答えは「阪神のフロントは、何ひとつとして敗因を分析しなかったから」に尽きる。

「阪神のフロントはアホちゃうか⁉」と言われてしまえばそれまでだが、結果を見ればそうした答えを受け入れざるをえないことがわかる。

第3章で示した「1992年から1998年までの阪神の対戦チームの勝敗数」からも

分析できるように、阪神がヤクルトに徹底的に負けていることに気づけば、「なぜ、これほどまでに阪神は大きく負けているのか」を徹底的に調べるはずだ。

その結果、「いま、これほどまでに低迷しているチームを勝たせる可能性が高い監督」として阪神のフロントが誰かを分析し、その人物に要請するのなら話は理解できる。

ところが、「カモにされていた」はずの野村さんに声をかけてしまった。どう考えてもミスリードだし、これではチームが強くなる可能性はかぎりなく低くなってしまう。当時のヤクルトと阪神の選手の力量を天秤(てんびん)にかければ、どちらが優秀だったかは自明であるし、「阪神キラーの監督」を置いてしまえば低迷に拍車をかけることだって考えられる。

実際に野村さんが阪神の監督に就任した1999年からの3年間の阪神の対戦成績は表6のような結果になった。比較するためにも、あえて野村さんが監督に就任する前年の吉田さんが監督だった1998年から入れておく。

吉田さん時代から唯一勝ち越していた広島にも、野村さんが監督になって3年目を迎えた2001年は惨敗に終わった。とくに8月15日以降の試合では、引き分けひとつを挟んで8連敗を喫し、そのままシーズンを終えた。この年の広島とは、試合の序盤から主導権を握られ、そのまま逃げ切られる、あるいは先制しても中盤に逆転されて押し切られる試

表6｜阪神が対戦した5チームの勝敗数（1998～2001年）

年度	1998	1999	2000	2001
巨人	10勝17敗	10勝17敗	9勝18敗	13勝15敗
中日	10勝17敗	8勝19敗	11勝16敗	15勝13敗
広島	14勝13敗	16勝11敗	15勝12敗	7勝20敗
横浜	8勝19敗	8勝19敗	11勝16敗	13勝14敗
ヤクルト	10勝17敗	13勝14敗	11勝16敗	9勝18敗

合ばかりだった。

当時の阪神が広島に一方的に負けた要因。それは「クリーンアップが固定できなかったこと」に尽きる。開幕してからしばらくは「三番・今岡誠（現・真訪）、四番イバン・クルーズ、五番エドゥアルド・ペレス」だったのが、シーズンの中盤以降となると、「三番・濱中おさむ（現・治）、四番・桧山進次郎、五番・広澤克実」と、まったく違う選手がクリーンアップに名を連ねた。あの手この手を使っても打開策が見いだせない。野村さんにしてみたら、にっちもさっちもいかない心境だったに違いない。

唯一、光明を見いだしたのが「F１セブン」と命名した足の速い選手７人を戦力とし

て重宝したことである。２０００年のドラフト4位で入団した赤星憲広を筆頭に、藤本敦士（２０００年ドラフト7位。現阪神一軍内野守備走塁コーチ）、沖原佳典（２０００年ドラフト6位）、上坂太一郎（１９９９年ドラフト5位）、平下晃司（１９９５年ドラフト5位で近鉄に入団）、松田匡司（１９９９年ドラフト7位）、高波文一（１９９３年ドラフト3位）らを起用したものの、起爆剤になるまでにはいたらなかった。

成績を上げてもらうために招聘したにもかかわらず、チームは低迷したまま浮上のきっかけがつかめない。これでは野村さんを監督に招いた意味がない。

一方で、少し考えれば、「次期監督は野村さんではない」ことがわかるはずなのに、なぜか野村さんを据えてしまった阪神のフロント陣――あまりのお粗末ぶりに、「対戦成績をろくに分析せずに野村さんを獲得した阪神のフロント陣がアホだった」といわざるをえない。

野村克也さんが監督を引き受けた「二つの理由」

一方、野村さんは「ヤクルト時代に阪神に大勝ちして優勝をつかみ取った監督」だったにもかかわらず、どうして低迷し続ける阪神の監督を引き受けてしまったのか。

理由は二つ、

「監督としての能力を純粋に評価してくれたこと」

「人気チームの監督を経験してみたかったこと」

などが挙げられる。

1998年秋、野村さんはヤクルトの監督を辞任してからほどなくして当時の阪神のトップである久万俊二郎(くましゅんじろう)オーナーら球団トップから監督就任を要請された。

「いま、タイガースはどん底にあります。来年、イチからスタートするにあたり、監督にふさわしいのは野村さんしかいません。野村さんは球界の第一人者であり、あなたの右に出る者はいません」

この美辞麗句を野村さんは、そっくりそのまま受け止めた。プロ入りしてから「他人にほめられる」ことに対する免疫が著しく低かった野村さんは、自身の采配を高く評価してくれることに対して素直に喜んでいた。これは後年になって野村さんから直接聞いたときに、「いままで苦労してきたことが報われた」と本当にうれしそうに話していた姿を思い出す。

そのうえ、阪神といえば誰もが認める人気球団である。南海時代の大阪球場では、いまのような無観客に近い環境（いまの若いプロ野球ファンはご存じないかもしれないが、1試合あたりの観衆5000人を切ることなどザラにあった！）で野球をやっていた野村さんからしてみれば、超満員の大観衆を味方につけて采配を振るってみたい欲に駆られたとしてもおかしな話ではない。

そうしてチームが勝利すれば、「いよっ！　ノムさんの采配は日本一！」などと持ち上げられる。そうして「野村克也、名将の道・第2章」と銘打って「野球人・野村克也」の存在を絶対的なものにしたかった——そんな推測さえしてしまう。

野村さんは阪神との話し合いの場でこんな話をしていた。

「私ひとりでは強くすることができない。球団のバックアップも必要です」

「すべて野村さんの言うとおりにします」

久万オーナーが即答した口約束を信じて野村さんは契約書にサイン。晴れて阪神の監督となったのだが、世間はそれほど甘くはなかった。

「話が違う」としか言えない久万俊二郎オーナーへの直訴

　1999年のペナントレースが始まれば、優勝争いはおろか、Aクラス争いにすらからむことなく55勝80敗、勝率4割7厘で最下位。翌2000年も開幕直後から低迷が続いた。そこで、この年のオールスターの休み期間中を利用して、野村さんは久万オーナーと話し合いの場を持った。

「エースと四番打者を獲得してほしいんです」

　野村さんはそう要望したそうだが、久万オーナーにしてみれば、

「ええっ？　それはないでしょう。いまさら何を言っているんですか」

と、さぞ驚かれたに違いない。

　なぜなら、阪神フロントは野村さんの代名詞である「野村再生工場」という言葉を信じて監督に招聘していたからだ。

　つまり、「自分のチームで活躍していない、あるいは他球団をお払い箱になった年俸の安い選手を活躍させることに長けた監督」だと思っていた。にもかかわらず、野村さんが

「お金のかかる大物選手を獲ってほしい」と要望を出すのは、フロントにすれば「話が違う」ということになる。

さらに追い打ちをかけるように、当時の阪神は国内外を問わず大物選手を獲得することにあまり熱心ではなかった。本業の阪神電鉄のターミナルである西梅田(にしうめだ)地区の高層ビルの建設事業に注力していたので、「タイガースの補強にはお金を使いたくない」という裏事情があったからだ。事実、２００１年まで阪神の選手の総年俸は12球団中11番目だったことからも、そのことがうかがえる（最下位はオリックス・ブルーウェーブだった）。

野村さんは「阪神球団は儲かっているので、選手補強にもお金を投資してくれる球団」というイメージを持っていたはずだ。しかし、阪神球団は親会社の別の意向があるがゆえに、球団に大枚をはたいて戦力補強をするような余裕などない。それを野村さんが知らなかったことが悲劇に拍車をかけてしまった。

一方の阪神球団はといえば、「儲け」という点では、じつに巧妙なやり方で稼いでいた。野村さんが就任した１９９９年の甲子園球場の観客動員は２６０万人を記録。そのうえ「ノムさん人形」なるものをつくりだした結果、これも大ヒットとなり、球団として売上、利益ともにホクホクだった。まさにソロバン勘定どおりの数字をはじき出したわけだ。

だが、チーム成績が低迷すれば、お客さんは離れていく。翌2000年は241万人、2001年は207万人と観客動員が急降下した。2000年、2001年ともチームの成績は最下位だったのだから、こればかりはいたしかたないと見る向きもあるが、阪神球団にしてみると、「観客動員数の低下＝儲けが少なくなる」となる。そうなると、球団としては旨味が少なくなり、いつまでも野村さんを監督に据えておく理由は見当たらなくなってしまう。

結局、2001年12月に浮上した沙知代夫人の脱税問題がタイミングとなって野村さんは辞任することになった。3年前に三顧の礼をもって華やかに阪神の監督に就任した野村さんだったが、最後は屈辱にまみれた退団劇となってしまった。

晩年、野村さんは当時のことを振り返って、こんな言葉を口にしていた。

「名声は短く、汚名は長い」

ヤクルト時代に山の頂上に登りつめたと思ったら、阪神時代は谷底に突き落とされた――そんな心境だったのだろう。

実際に会うとなぜか憎めない野村沙知代さん

野村さんといえば、夫人の沙知代さんの姿をイメージされる人は多いかもしれない。「サッチー」と呼ばれて知名度を高めていった一方で敵も多い人だったことは間違いない。野村さんが阪神の監督に就任した１９９９年から沙知代さんはワイドショーの絶好のネタとなっていた。とくに浅香光代（あさかみつよ）さんとの「ミッチー・サッチー騒動」は世間を大いににぎわせた。沙知代さんがらみのワイドショーネタは２００日間にもおよんだ。野村さんも気の休まらない日々が続いたことは想像にかたくない。

ただし、野村さんは本当に沙知代さんのお金のことはまったく知らなかったはずだ。このときのことを聞いたことがあったが、

「『あなたは知らなくていいのよ』とか、『あなたは野球だけに打ち込んでくれていればいいの』としか言ってくれなかったんだよ」

と話していた。税金の支払いや家のローンを組んだときも、すべて沙知代さんに任せていたというから、この話は本当に違いない。「人間にとって最大の悪は何か。それは鈍感

である」と野村さんは日ごろからよく言っていたが、野球以外のことは鈍感な野村さん自身が招いた悲劇である。

ただし、世間は沙知代さんのことを悪人だと思う人が多いかもしれないが、私にはそうは思えない。どこか憎めないところのある人なのだ。

こんなことがあった。野村さんが野球評論家として全国に講演活動で飛び回っていたころ、沙知代さんがスケジュールの取り決めを行うマネージャー的な役割を担っていたのだが、あるとき、同じ日時に講演会のスケジュールを入れてしまった。いわゆるダブルブッキングである。

このとき、沙知代さんから私に直接電話で連絡があり、

「こっちの仕事は江本君が行ってよ。先方様には私のほうからうまく言っておくからさ」

と相談を持ちかけられたことがあった。私もその講演会の翌日にちょうど同じ方面で仕事を控えていたことから、沙知代さんの話を承諾した。

結局、講演会は無事終えてことなきをえたのだが、1年くらいしてから、人づてに、

「最近は江本君にも仕事を回しているのよ」

と言っていたと聞いた。うっかりダブルブッキングしたことで困った事態が発生したか

ら引き受けたのに、そのような言い方をしていたとは、と考えたが、

「まあ、沙知代さんなら、それくらいのことを言うわな」

と思わず苦笑いしてしまった。阪神にトレードに出されたのも、沙知代さんのことを野村さんに苦言を呈したのが原因だったにもかかわらず、この件も含めてどこか憎めない。信頼関係を築くところまではさすがにいかなかったが、「なんだか気になる存在」として、私の心にずっと引っかかっていたのだ。

ただし、これだけは、はっきりいえる。

「沙知代さんも、田淵さんと同様に、『大阪の水』が合わない人だったんだな」

野村さんの南海の監督解任時、さらには時が流れて阪神の監督辞任の原因となった沙知代さんに対する偽らざる本音なのである。

星野仙一さんが描いた「優勝へのシナリオ」

野村さんで失敗して、次の監督を誰にするのか——登場したのが、まさかの星野さんである。これには多くの人が驚いた。なにせ、つい2カ月前まで中日のユニホームを着てい

た人がタテジマのユニホームに袖を通すことになったからだ。

星野さんは野村さんと違って自分の魅せ方に長けている。阪神ファンからどう見られているか、どうすれば阪神ファンのハートをわしづかみにできるのか。このあたりは監督に就任したときの記者会見のこのひとことが決め手になった。

その記者会見の一部をここに掲載する。

司会者「(阪神監督を)決断されるまでの心境は?」

星野「(略)少し時間をいただいて周りをよく眺めてみる。そして、『やってこい、勝負してこい、助けてこい』という大勢のバックアップの声で、『野球人・星野』として決断しました」

司会者「タイガースについては?」

星野「ジャイアンツ、タイガースというのは、日本のプロ野球の最も伝統あるチームですから、東西が強くなければ、プロ野球も盛り上がらない。まあ、ガキのころからタイガースファンですし、(約)35年前のスカウト部長がどなたかとは覚えていませんけど、私を指名してくれなかったのが非常に残念だなと。でも、田淵という六大学のスーパースタ

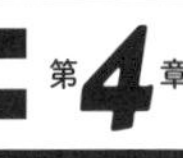

ーがタイガースにお世話になったということで、これはいたしかたない」

会見でこの発言を聞いた私は思わず「おいおい」と突っ込んでしまった。星野さんが大学時代に好きな球団は「巨人」だったはずだ。だが、その夢はかなわず、プロ入り後はその巨人を倒すことを旗印に戦ってきた。それはそれでいい。

しかし、阪神入りを決めた理由のひとつが、「ガキのころからタイガースファン」だったとは、とてもじゃないが、私には言えない。たとえ建て前であっても、ここまで鮮やかに言い切れるのは球界広しといえども、星野さんをおいてほかにはいない。

そのうえ、阪神で絶大な人気を誇る田淵さんまで引き合いに出してファンを納得させようとしている。まさに自分のイメージを損なわずに日本中の阪神ファン、いやプロ野球ファンに配慮しつつ喜ばせるツボを心得ていたのだ。

これと似た出来事が2007年オフに起こった。当時、広島に在籍していた新井貴浩がFA宣言で阪神に移籍するかどうかで悩んでいたときのことだ。

広島は彼の生まれ故郷でもあるし、生え抜き選手として育ててもらった恩義もあるし、愛着もある。だが、広島だけで終わるのではなく、新天地でも勝負してみたい。

そのためには広島ファンに納得してもらい、阪神ファンにも受け入れてもらわなくてはいけない——新井は結論を出しかねていた。

当時、広島で解説者を務めていた大下剛史（おおしたつよし）さんを通じて新井本人から相談を受けた際、彼に電話でこう伝えた。

「記者会見で『ガキのころからタイガースファンでした』と言いなさい。そうすれば、すべてが丸く収まるんだから」

だが、新井は記者会見で涙を流しながら広島への感謝を口にして、「ガキのころからタイガースファンだった」とはひとことも言わなかった、というより、言えなかったというのが正しいかもしれない。「新天地で引退するまで勝負する」と覚悟が決められず、広島から出ることに、どこか踏ん切りがつかなかった思いがあったのだろう。

その結果、新井は阪神で苦しみに苦しんだ。チャンスになれば必要以上に力んで内野ゴロの山を築いた。一時は「チャンスでのゲッツーは新井の代名詞」などと阪神ファンから揶揄される時期もあった。

その後、阪神を自由契約になり、再び古巣のユニホームに袖を通したあと、２０００安打を放ち、２０１６年から２０１８年の広島のリーグ3連覇にも貢献、その直後の２０１

8年に引退した。星野さんのような策略家でもなく、ただ純粋に野球に打ち込みたかっただけの新井には、阪神の空気にはどこかなじめないものがあったに違いない。

だが、星野さんは違った。どこからも批判されることなく、「阪神で生き抜く術（すべ）」をこのときにすでに心得ていたのだから、これはもうお見事という言葉以外は浮かばない。

大阪で「神風」が吹いていた星野監督時代

星野さんは阪神を野村さん以上に期待できるチームへと変貌させていった。2002年には総額10億円をかけて日本ハムから片岡篤史（かたおかあつし）、オリックス・ブルーウェーブからジョージ・アリアスを獲得。同年オフには広島の金本を5億円をかけて獲得した。野村さんのときとは180度違うお金のかけ方である。

なぜ、このような大盤振る舞いの補強が実現できたのか。理由は二つある。

ひとつは「チームを強くするために、どれだけお金がかかるのか、オーナーに具体的に説明したから」である。

星野さんは野村さんと違って、「チームを強くするには、この選手を補強してほしい」

と久万オーナーに具体的な選手名を挙げて、「そのためには、これだけのお金がかかる」と具体的な金額についてまで詳細に説明していた。星野さんは中日時代、1988年と1999年にリーグ優勝を果たしているが、いずれも大型補強をしたから勝てた印象が強い。阪神の監督に就任したときも例外ではなく、「一にも二にも補強ありき」とオーナーに訴えたのだ。

そして、もうひとつの理由が、「阪神本社の大型事業が一定の区切りを迎えたから」である。これは星野さんにとって、まさに神風が吹いたも同然の出来事だった。阪神電鉄の一大事業である西梅田地区の建設プロジェクトが一段落し、80億円以上の収入が見込めるメドが立ったので、補強費にお金を費やせる状況となった。つまり、野村さんのときには「球団経営は二の次」とされていたのが、「球団経営を強化する」方向にシフトできる状況が整ったわけだ。

そして星野さんが監督になったことで、観客動員数の面でも大きな福音をもたらした。2002年は267万人と前年から一気にV字回復したかと思いきや、2003年は330万人と大台を突破、星野さんが監督を退いた2004年は352万人と、さらに増加したのだ。

とくに就任2年目となった2003年は星野フィーバーが最高潮に達した。星野さんの悪口を大阪のメディアでひとことでもいおうものなら排除されるのも当然といった空気感が支配していた。

私も実際、その空気を体験した。当時、大阪で、やしきたかじんさん（故人）が司会の番組にゲスト出演する機会があった。当時の阪神は独走態勢に入り、9月にも優勝が決まるだろうといわれていた。

そこで、たかじんさんに、

「星野さんはもう無敵でっしゃろ」

と言われたので、私は返す刀で、

「ただね、問題点がないわけじゃないんですよ」

と投打の不安点をいくつか挙げた。

普通なら、「ああ、そういう見方もあるのか。さすが専門家やな」と返してくれるものだったが、実際は正反対の答えが返ってきた。

「江本さん！　アンタ、何言ってんの!?　星野さんは阪神を勝てるチームに変えてくれた人やで！　もう神さまに匹敵するような人を批判するような意見は、このくらいにしときいや！」

たかじんさんがこう言うと、ほかのパネラーのみなさんが「そうだ、そうだ」の大合唱となり、気づけば私は孤立無援の状態となっていた。

「なんなんだ、この雰囲気は!?」

私が内心たじろいでいるうちに番組は終了。その後、この番組に呼ばれることは二度となかった。

テレビは時として時代の顔を映す。それは私もよくわかっているつもりだったが、星野さんを少しでも悪く言おうものなら関西のテレビが許さなかった雰囲気は、いまでもよく覚えている。

星野仙一さんからの「一本の電話」

星野さんについてテレビで少し批判しただけでこのありさまだ。大手メディアが星野さんの記事を書こうものなら、今度はそれを目にした本人からクレームが入った。

一例としてこんなことがあった。あるとき、サンケイスポーツの記者が星野さんを批判する記事を書いた。そこに遠回しに「中日時代と同様に鉄拳制裁をしているのではないか」という内容も盛り込んだのだ。

この記事が世の中に出回って何日もたたないうちに、その記事を書いた記者が阪神球団から呼び出された。呼び出したのは星野さん本人である。

記者が監督室に入ると、ソファーには腕組みした星野さんがじっとスポーツ紙をにらんで座っている。

あっ、オレが書いた記事だ——そう思った瞬間、星野さんが顔を見上げて記者をにらみつけると、こう言い放った。

「おい、この記事はどういうことだ？」

一言ひとこと噛みしめるように話す口調のなかに怒気を含んでいるのがわかる。

記者はただただ黙ってうつむいていると、星野さんはそれ以上の言葉は口にしない。

まずい。ひょっとしたらオレ、殴られるんじゃないか——そう覚悟を決めた途端、

「もう、ええわ」

星野さんのこのひとことで記者は監督室から解放された。

こういうことがあっても怯まないのがジャーナリズムというもの……かと思いきや、こ

れ以後、星野さんを批判する記事はパッタリとなくなってしまった。

記者を殴るなんてことは当然、星野さんだって考えていなかっただろう。そんなことをしたら大騒動になるだけでなく、球団の上層部が問題視して監督の座が危うくなる。だが、「脅す」ことの効果は覿面だった。批判記事がパッタリなくなれば、あとは自分の思うままにチームを指揮するだけだ。

まさに独裁者のようなやり方だが、ここに星野さんのすごさとしたたかさを垣間見る思いがしたのもまた事実である。

話はこれだけで終わらない。当時、私がちょうど星野さんのことを書いた本を出版しようと編集者と一緒に原稿チェックをしていたときのことだ。

突然、私の携帯が鳴り響いた。着信を見ると、星野さん本人からの番号通知が出てきた。

「江本です。ご無沙汰してました」

私がこう答えると、電話の向こう側で星野さんが黙っている。

時間にして10秒、いや、もう少し長かったかもしれない。直後、星野さんは野太く、低い声でこう言った。

「お前、オレの本を出すらしいじゃないか？」

おそらく、私が星野さんの本を出すのを旧知の記者から聞いたのだろう。

「いやいや、分析論ですよ。そんなに難しいことを書いているわけじゃありません」

私がこう答えると、星野さんは、

「それ、ホンマに出すんか？」

そう言った直後、再び沈黙した。

いま振り返ってもなんともいえない間だったが、ここで言い訳がましいことを言ってもしかたがない。そこで、本の内容についてあらためて説明し始めたら、

「わかった。もう、ええわ」

と星野さんのほうから電話を切った。「ふう」と私は大きなため息をついた。時間にして10分あったかないかぐらいだったが、まるで星野さんと30分以上電話しているように感じた。

この間、星野さんは決して声を荒らげるようなことはしていない。だが、沈黙の裏には「オレが何を言いたいか、わかっているんだろう」という意味合いがあるのを私なりに読み取った。とはいえ、出版社だって出版スケジュールが決まっているわけだし、あと少しで校了という段階まで来て、「やっぱり中止にしましょう」なんてことはできない。

そこで、私は担当編集者に、いまの電話の相手は星野さんだったこと、「ホンマに出すんか？」と半ば脅しのような口調で言われたこと、だからといって決して激高しているわけではないことなどを余すことなく話した。すると、編集者から妙案をもらった。

彼はこう言うのである。

「江本さんらしさが出ている『毒』の部分は残しましょう。それに建設的な批判についても意見のひとつだからいいでしょう。でも、『感情的な悪口』はクレームが入るかもしれないのでやめることにしましょう」

なるほど、そういう考え方もあるかと思い、私は星野さんの「感情的な悪口」らしき表現を赤ペンで消していく作業を進めていった。

すると――原稿の大半以上が真っ赤になってしまったのだ。

ここで再び編集者と「どうしましょうか？」となった。

その結果、私は眠い目をこすりながら徹夜して大幅に書き直しをする作業を選んだ。こんなところで屈してしまう私もなんとも情けないが、当時の星野さんは世間の空気をすべて自分の味方にしていた。

そのうえ、自分に批判的な記事を書いた人間は威嚇し、鎮静化させていた。こんなこと

ができるのは星野さんをおいてほかにはいない。

私が思うに、阪神での2年間は星野さんの監督人生のなかでも最も濃密な時間だったはずだ。それを可能にしたのは星野さんのキャラクターが大阪の空気とマッチしたからにほかならない。

星野さんのリアクションやパフォーマンスは大阪の人たちが最も好むタイプだ。星野さんにとって、阪神はまさに「水が合う」環境だったと、いまでもそう思えてしかたがない。

なぜ、今岡誠は星野監督時代に大ブレイクしたのか

野村さんとは後年、たびたびお話しする機会があったのだが、当時の阪神の思い出もよく語っていた。ただし、口から出てくるのはボヤキばかりだった。

「オレがどんなにミーティングで口酸っぱく注意しても選手がついてこない」

さらに舌鋒（ぜっぽう）は止まらず、特定の選手の話におよんだ。

「だいたいエリートといわれる今岡はまったく働かなかった。星野や岡田が監督のときはあんなに活躍していたのに」

たしかにそうだった。今岡は野村さんのときには、ほとんどといっていいほど活躍せず、のちに星野さんが監督になったときにその才能が花開いた。この点を疑問に感じている人も多いはずだ。

私にいわせれば、これは野村さんに責任がある。なぜなら、「エリート選手をやる気にさせる言葉を持っていなかった」からだ。

野村さんは選手を「無視、称賛、非難」と3つの段階に分けて接していた。無視するのはルーキーを含めたキャリアの浅い選手、称賛は一軍で活躍し始めた選手、非難は一軍でバリバリ活躍しているレギュラー選手、という具合だ。

この指導方針は野村さんの恩師であるはずの鶴岡さんに学んだとされている。野村さんは鶴岡さんのやり方を反面教師としていたが、選手を育成、さらには成長をうながすにあたって、この部分については真似(まね)をしていた。

ただし、この指導法が必ずしも成功していたとはいえない。言い換えれば、万人に成功する手法だとはかぎらない。

とくに今岡はＰＬ学園、東洋大とアマチュア球界のエリートコースを歩んできた。そのうえ東洋大４年のときには、アトランタ・オリンピックの日本代表選手に選出されている。

バットコントロールがよく、卓越した技術を持った天才肌の今岡に、野村さんは甲子園球場で躍動する姿を期待した。

しかし、今岡は期待に沿えなかった。それどころか、「無気力プレー」と野村さんの非難の対象となった。

「お前さんの守備は安定感がまるでない。一所懸命にプレーしていると言えるのか？ どうして、もっとはつらつとプレーできないんだ？ オレや首脳陣に対して何か不平不満を持っているようにしか思えないぞ」

野村さんは非難することで今岡のやる気に火をつけようとしたものの、まったく響かなかった。それどころか、二人の距離はますます広がるばかりで、チームに貢献するようなプレーはひとつも見られないまま3年間を過ごした。

だが、次の星野さんが監督になった途端、今岡は変わった。星野さんも今岡についてはは「淡泊でガッツがない、やる気がない」などと不評ばかり聞かされていた。そのつもりで今岡をガツンと指導しようとしたら、練習は熱心にやる、手抜きをいっさいしない、ピンチの場面では率先して投手のところに行く。阪神の監督に就任する前にあらかじめ耳にしていた情報とのあまりの乖離ぶりに、

「おい、今岡ってのは、聞いていた話と全然違う選手じゃないか」

と星野さんは周囲にそう話し、驚きを隠さなかった。それどころか、「勝負どころでは間違いなく彼のような選手は必要だ」と公言しては信頼度を高めていった。2003年に阪神が18年ぶりのリーグ優勝を決めたときの今岡の成績は120試合に出場し、3割4分で首位打者を獲得。また二塁手としてゴールデングラブ賞まで獲得した。野村さんも今岡のあまりの豹変ぶりに、「なんでや……？」と首を傾げたに違いない。

今岡に対して、野村さんの頭のなかでは、「あえて厳しいことを言えば発奮してくれるだろう」という一種の読みがあったはずだ。しかし、笛吹けど踊らずで、今岡はウンともスンとも反応しない。阪神監督在任3年間の野村さんは彼に対して相当歯がゆい思いをしたことだろう。

たしかに、野村さんのやり方は、ヤクルト時代を見れば古田敦也や池山隆寛、広沢克己（現・広澤克実）といった中心選手に対して厳しい言葉をかけてもうまくいった。これはヤクルトの選手たちが野村さんに対して大人の対応をしてくれたことと、「もっと野球がうまくなりたい」という欲求があったからこそだ。そこでの成功体験がすべてとばかりに、野村さんは阪神でもヤクルト時代と同じ手法を踏襲してしまった。この点が大きな間違いだったのだ。

ヤクルトと阪神では選手の性格や気質がまったく違うことを早い段階で気づいて、やり方を変えなくてはならなかった。その点に野村さんは気づくことができなかったわけだ。

では、星野さんはどうだったのか。じつは今岡に対して厳しい言葉を浴びせるようなことが一度もなかった。それはそうだろう。真面目に練習をこなしているのだし、チームに献身的に尽くしているのだから、注意する必要など何もない。

つまり、エリート選手とは、そういうものなのである。必要な練習はみずからプランを立て、課題があれば地道に練習を重ねて解消していく。あえて厳しいことを言わなくても率先して取り組む姿勢があるわけだ。そのような選手に対して厳しい言葉をかける必要など何もない。

野村さんはこの点に気がつかずに、これまでの成功した手法のみの指導を押し通そうとした。これでは「野村さんのやり方では合わない」と判断した選手は心を通わせることなく、距離を置いたままになってしまう。それこそが野村さんにとって最大の失敗だった。

私が考える「体調不良で退任」の真実

阪神の監督として成功した星野さんが、なぜ2年で退任することになったのか、疑問を持たれる人も多いはずだ。一般的には健康問題が取り沙汰されているが、私は違う理由があったと見ている。

中日の2度の監督時代も、たしかに2度（1988、1999年）リーグ優勝を果たした。しかし、1989年は3位、2000年は2位と連覇の経験がない。セ・リーグを独走で優勝して当たり前と見られていた2003年、「果たして翌年も同じように優勝できるのか」ということを考えたときに不安がよぎったとしてもおかしくない。

そこで、星野さんはみずから演技をした。「体調がすこぶる悪くなる」演技である。7月下旬の試合でそれは実行された。試合前、星野さんの体をよく見ていたトレーナーに、

「おい、今日は倒れるから、あとはよろしくな」

と言って本当に倒れてしまった。マスコミは慌てふためき、「星野、体調不良か!?」などと書き立てる。球団も、このときは大ごとになったと焦っていたことだろう。

そして、この年に18年ぶりのリーグ優勝を果たし、日本シリーズの直前に監督の退任を発表。日本シリーズには敗れ、後任の監督は岡田彰布に決まり、星野さん自身は阪神球団初となる「オーナー付シニア・ディレクター」（ＳＤ）という役職に就くことになった。

翌２００４年シーズンの阪神の結果は――４位に終わった。

星野さん自身に連覇の経験がないこと、そこに持ってきて体調不良で惜しまれながらの退任をすることで多くの阪神ファンから「星野さんは名監督や」というイメージを持ってもらえたこと、さらに球団内で一定以上の権力が握れるＳＤという役職を得たこと。星野さんにとって阪神の監督を「体調不良」を理由に2年で退任したことは、まさに一石二鳥どころか三鳥も四鳥もメリットがあったのだ。

2度の阪神優勝の陰にあった島野育夫さんの存在

阪神の監督として多大な功績を残したと思われた星野さんだったが、監督人生のなかで最も誤算だったのは北京（ペキン）オリンピックで「星野ジャパン」として日本代表監督を務めた結果、銅メダルすら獲れずに敗れたことである。

オリンピック前、星野さん本人は意気揚々としていただろうが、私は不安でたまらなかった。理由は二つある。ひとつは参謀がいないこと、もうひとつは当時は短期決戦に勝ったことがないことだ。

まずひとつ目。中日、阪神時代と星野さんのそばには、つねに島野育夫さんがいた。島野さんは私より3歳上で、南海、阪神では7年間一緒にプレーした。

島野さんと星野さんは接点がない。島野さんはプロ入りしたときは中日だったが、その後、南海に移籍したのが1968年。星野さんがドラフト1位で中日に入ったのはこの年の秋である。実際に星野さんとのつきあいが始まったのは、星野さんが中日の監督に就任した1986年秋からだ。

星野さんと島野さんはプライベートでは仲がよかったわけではない。田淵さんたちのような和気あいあいとした部分がない分、遠慮なく直言できていたその姿は、まさに「戦友」と呼ぶにふさわしかった。

では、島野さんの何がすぐれていたのか。彼は記憶力と観察力に長けていた。相手チームの選手の癖や弱点を見抜き、そこから分析して作戦を立てる。そのうえ、ギャンブルにめっぽう強い。あまりにも読みが鋭く、ことごとく的中させたため、プロの競馬予想屋が

弟子入りを志願したこともあった。

翻って、星野さんにはこうした才能はまったくない。ギャンブルに興じていたなんて話を聞いたことがないし、相手チームの癖を見抜くなど、星野さんのプレースタイルからは考えられなかった。

島野さんは星野さんの第1次政権時には外野守備走塁コーチを担当した。しかし、5年も6年も一緒にいれば、いろいろな人から島野さんの話を耳にしただろうし、実際にギャンブル好きであることや、その的中率が非常に高いことだって幾度となく目の当たりにしてきたことだろう。結果的に第2次政権時にヘッドコーチに昇格したのも、なんら不思議でなかった。

星野さんは島野さんに作戦面だけでなく毎日の先発メンバーやローテーション、練習プラン、コンディションを含めた選手管理、ゲームでの選手査定、さらにはコーチ会議や選手を集めてのミーティングのすべてを任せた。一人二役どころか九も十も役割を担わなくてはならない。それだけに島野さんの負担は相当なものだった。

そんななか、私は東京はもとよりナゴヤ球場や甲子園球場で中日、そして阪神の試合があるときに星野さんに挨拶をすると、すぐに島野さんの姿を探した。島野さんは私より3

歳上だが、南海在籍時から不思議なくらい気心が合い、顔を合わせれば、短い時間ながらも、お互いの近況報告に花を咲かせる間柄となっていった。

だが、島野さんは病を患っていた。2005年の優勝を野手総合コーチとして支えたのち、阪神の二軍監督時代に胃ガンであることが判明し、徐々にやせ衰えていった。北京オリンピックの前年となる2007年夏、私がタイのナショナルチームの総監督として阪神の二軍と練習試合をしたとき、病院から島野さんがわざわざ駆けつけてくれたが、あまりの変わり果てた姿に私は言葉を失った。

そんな私の様子を察知してか、島野さんのほうから、「まさか、こんな病気になるとは思わなかったよ」と切り出してくれ、「また、近いうちに会いましょう」と話したのが最後の会話となった。この年の12月、島野さんは63歳の若さで亡くなられた。

周囲の不安が的中した「星野ジャパン」の失敗

島野さんがこんな状況だったので、星野さんは日本代表のヘッドコーチに選べるはずもなかった。そこで選んだのが打撃コーチに田淵さん、守備走塁コーチに山本さんだった。

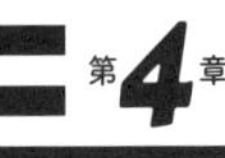

私は「これは大変なことになった」と思った。

田淵さん、山本さんは、人間性はすばらしい。私も好きな先輩だし、尊敬もしている。だが、そのことと、このときの日本代表のコーチ選出とは話が別だ。3人とも監督しか経験しておらず、チームがピンチに陥ったとき、監督である星野さんに厳しい言葉を言えるとはとうてい思えなかった。

また、お世辞にも3人とも戦術や戦略を立てることに長けているとはいえない。瞬時の判断で「次はこの作戦で行こう」などと臨機応変に動けるタイプではない。

さらに、これは決定的な致命傷だったのだが、星野さん、田淵さん、山本さんの3人とも監督として日本シリーズの短期決戦に勝った経験がない。短期決戦はシーズンを通して活躍したレギュラー選手を使い続けるのではなく、それに固執しすぎると取り返しのつかない事態に陥ることだってある。場合によっては、そのときに調子のいい選手を抜擢するような采配だって必要となるはずだ。

いざオリンピックが始まると、不安は的中した。

このときのエース格だったダルビッシュ有を初戦のキューバ戦で起用するも、五回途中7安打5四死球4失点と大乱調でこの試合を落とした。すると、「エースはダルビッシュ」と公言しておきながら、星野さんは決勝進出をかけた準決勝の韓国戦で登板する予定だったダルビッシュを起用しなかったのだ。

これだけではない。2試合続けて救援に失敗した岩瀬仁紀を3度起用して失敗したり、左翼守備に不安があるG.G.佐藤を起用したりして致命的な落球を犯すなど采配について疑問があった。

さらに加えて、ベンチワークがまったく機能していないと感じていたし、選手とのあいだでコミュニケーションが取れていない点も気になっていた。

じつは、その兆候は北京入りする前からあった。若手は若手、ベテランはベテランでチームは分かれ、世代間の壁が生じていたのだ。だが、星野さんたち首脳陣は、その輪のなかに入っていこうとしない。

なにせ、この年の2月、キャンプ地視察で沖縄入りした夜、「JAPAN」のロゴが入ったスポーツ用ジャケットを着て高級クラブでお酒を飲んでしまうような感覚の持ち主だ。若い選手たちにしたら、「僕たちは勝手にやっていますから」と距離を置かれても不思議な話ではない。

短期決戦は何か策を講じて動かなければ試合の主導権を相手に握られてしまう。結局、

メダル争いのライバルと目されたキューバ、アメリカ、韓国にことごとく負けた。これではメダルなど夢のまた夢だ。

こうしたなか、耳を疑うような話も入ってきた。予選中に星野さんはあろうことか一部の主力選手に鉄拳制裁を見舞ったというのだ。これではチームの士気は上がるどころか、ダダ下がりもいいところである。

結局、準決勝の韓国戦、3位決定戦のアメリカ戦とすべて敗れ、手ぶらで帰国せざるをえない状況となってしまった。

「星野を選ぶ明確な理由はなんだ?」

散々な結果に終わり、帰国するとマスコミから猛バッシングの嵐だった。采配批判はもとより、選手のコンディション管理に問題はなかったのか、ライバル国の分析が甘かったんじゃないかなどと、いたるところから集中砲火を浴びた。

星野さんにとって、これほどまでのバッシングは人生で初めてだったのではないか。中日、阪神時代には考えられないほどのネガティブキャンペーンである。

では、どうしてここまで激しく非難されたのか。それは誰も守ってくれなかったからだ。中日、阪神時代に選手に鉄拳制裁を下しても、外に情報が漏れることはなかった。球団が星野さんのイメージを守り、そうしたことを球団がよしとしていると見られたくないので、できるだけネガティブな情報は隠し通した。

だが、星野ジャパン、すなわち当時の日本代表チームは「全日本野球会議」が取り仕切っていた。この組織はプロがオリンピックで野球の参加が認められた際に設立された。

全日本野球会議が星野さんを守る理由はない。プロ野球の球団であれば、たとえ優勝を逃しても、「お客さんが入れば、それはそれでいい」という評価をもらえることがある。だが、オールプロ選手で構成されたオリンピックの野球は、「金メダルを獲る」こと以外に考えられなかった。それが金どころか銅メダルすら獲れなかったのである。

全日本野球会議にすれば、なぜ星野ジャパンが負けたのか、今後の日本代表チームには何が必要か、そのためにはどうすればいいのかについて、世論も巻き込んで議論する必要があった。だから、星野さんの采配や一連の振る舞いが隠し通せなかったのだ。

オリンピックが終わってから3カ月後、日本オリンピック委員会から公表された「北京五輪日本選手団報告書」が提出され、メンバー選考の過程や星野さんの采配の問題点などが詳細に記録されていた。どれもこれも反論できない内容ばかりだった。

話はまだ続きがある。

翌年の第2回WBCの監督人事をめぐって、王さん、野村さんに加えて、北京オリンピックのリベンジとばかりに星野さんの名前も候補に挙がった。

しかし、この話に真っ先に異を唱えたのが中日の西川順之助(にしかわじゅんのすけ)球団社長(当時)だった。

「野村監督(当時は楽天監督)は川上さんに次ぐ日本一制覇の記録を持っている(実際の2位は森さん)。王君にしても本塁打の世界記録を持っている。誰が見ても納得できる。星野を選ぶ明確な理由はなんだ?」

星野さんという人物の本質を見抜いたうえでの、古巣からの辛辣な言葉だった。星野さんにとっての北京オリンピックは、長い監督人生のなかでも最も屈辱にまみれた瞬間だったに違いない。

岡田彰布が残した「一定以上の成績」と「罪深さ」

星野さんのあとを継いだ岡田監督は一定以上の成績を残した。就任1年目となる200

4年は66勝70敗で4位だったものの、２００５年は87勝54敗で優勝、２００６年は84勝58敗で2位、２００７年は74勝66敗で3位、２００８年は82勝59敗で2位と、4年連続でAクラスという成績を収めている。

岡田監督の功績はジェフ・ウィリアムス、藤川球児（現スペシャルアシスタント）、久保田智之（現・投手コーチ）の、いわゆる「ＪＦＫ」を盤石なものにしたことだ。終盤の七回から勝ちパターン投手を投入して、そのまま逃げ切るスタイルを確立したことで、僅差の試合をものにすることが多くなっていった。とくに久保田にいたっては、２００７年は90試合に登板（この記録は現在でもＮＰＢの最多記録となっている）し、ほぼ毎試合のように投げていた。それだけ岡田監督も久保田に信頼を寄せていた証拠でもある。

一方で、岡田監督がもろかった部分がある。それは「ヘッドコーチをつけなかった」ことだ。獲得就任1、2年目のときには平田勝男にその職を任せたが、3年目以降はヘッドコーチをつけずに、みずからの判断で采配を振るっていた。

岡田監督は野球の戦術や知識に長けている一方、頑固で一途な面がある。チームの調子がいいときにはとくに問題がないのだが、チームの状態が悪くなったときに、みずからを鼓舞し、前を向きながら采配を振るうことができなかった。周囲に岡田監督の考えを理解できる人を置けばよかったのだろうが、あえてそれをしなかったことで、チームが低迷したときの責任を一身に背負うこととなってしまった。

それを象徴するのが2008年シーズンである。開幕から好スタートを切った阪神は、巨人に7月8日時点で13ゲーム差をつけて独走態勢を敷き、優勝は当然のことだと思われていた。

しかし、8月以降に徐々に失速したと同時に、巨人が猛追して、10月8日に阪神との直接対決に3対1で勝利すると、その2日後に逆転のリーグ優勝を決めた。13ゲーム差からの逆転優勝はセ・リーグでは史上最大といわれているが、このときの傷跡が、いまも阪神ファンの心の底にある。2021年も前半戦を首位で折り返したものの、「2位の巨人とは2ゲームしか離してないで」などと危機感を募らせているのは、このときの苦い経験があるからにほかならない。

結局、阪神は勢いを欠いたままシーズンを2位で終え、クライマックスシリーズ（CS）でも3位の中日に敗れ、岡田監督は優勝を逃した責任を取って辞任することになったのだ。岡田監督は監督としてよくやったほうだと、いまでもそう思っている。

だが、ヘッドコーチをつけなかったことで精神的なストレスが軽減できなかったことがいまでも悔やまれるし、「13ゲーム差を憎き巨人に引っくり返された」というトラウマを、阪神OBはもちろんのこと、一所懸命に応援してくれる阪神ファンにまで植えつけてしまった。これは、じつに罪深いことをしてしまったと、阪神OBの私も痛感している。

このようなことがあったからこそ、私たち阪神OBは岡田の采配について痛烈な批判をするのは避けている。岡田自身、思い描いている試合展開にならず、ストレスがたまるような状況もあるかと思うが、どんなに強いチームだって、シーズンで50敗以上はするものだ。目の前の試合に一喜一憂するのはファンだけでいい。私たちは1週間、1カ月、2カ月と、トータルでどんな試合を行っているのかを判断して評価すればいい。

そのことを差し引いても、いまの岡田監督の采配に「おやっ？」と疑問に思うようなことは少ないし、一軍に上げる選手、二軍に落とす選手を見ても、はっきりした根拠があることがわかるので、総じて批判することはほぼない。これが、いまの岡田阪神に対する見立てである。

第5章

1985年に174安打、54本塁打、134打点で三冠王、NPB最高の打率・389という驚異的な数字で日本一に貢献したランディ・バース。その「再来」は夢物語にすぎない。

誰も書かなかったタイガース「噂の真相」

マスコミを騒がせた「あの伝説」の真実

「吉田派vs.村山派」は本当に存在したのか

私が現役のころ、また引退してからも多くのプロ野球ファンからこんな質問を受けたことがある。

「阪神って、気難しい球団だと聞いていますが、本当ですか？」

よくよく聞いてみると、「吉田派と村山派があって、どちらかに入らなければならないんでしょう？」と言うのだ。

たしかに、そういう報道は私が南海に在籍していたころからよくあった。たとえば、ロッカールームが吉田派と村山派で真っ二つに分かれている、あるいは北新地で二人がバッタリ出会わないように、それぞれのスケジュールを確認する人が阪神の関係者にいる……。

だが、阪神に入ってみるとよくわかったのだが、そんなものはいっさいなかった。「選手の○○が吉田さんのことを称賛し、村山さんのことを貶している」なんてことは噂レベルの話だったわけだ。

なぜ、こんな噂がまことしやかにいわれていたのか。それはマスコミにも責任がある。

村山さんが選手兼任監督として指揮を執っていた1972年、チームは低迷し、選手としていよいよ最期を迎えようとしていた。このとき、村山さんの采配に不満を持った選手のコメントをあることないことを書き立て、ついには「もし吉田さんだったら……」などと書かれた記事に端を発して、「阪神には吉田派と村山派がある」などと書き立てられたのが真相のようだ。

私も村山さんとは何度もお話しさせていただいたが、とてもじゃないが、派閥をつくるような人ではない。それどころか、

「エースになれば、野手とも同業の投手とも立場が違う。打ち解けて話をすることがなくなる。どこに行くのもひとりでいる。でも、これは立場上、しかたのないことなんだ」

という話をしていたほどだったから、村山さんが特定のひいきの選手を連れ出してどうこうしていたとは考えにくい。

ただし、「人間的には合わない」ことがあったかもしれない。たとえば吉田さんの場合、野球人としての才能は認めるものの、グラウンドを離れたところでの振る舞いで敬遠する人もいたが、代表的なのが、噂として、お金にシビアな面とかだ。

いずれにせよ、吉田派と村山派がいたとしたら、それはフロント、コーチ、選手を含め

た球団内部の人間や阪神ＯＢではなく、マスコミにいたと考えるのが適切なのかもしれない。実際、吉田派はサンケイグループ、村山派は読売グループの人間がそれぞれいたという話を何度も耳にしている。

つまり、両者の派閥は、あたかも阪神の球団内部の人間がかかわっているかのように見せて、じつは違うところにあった、というのが真相なのだ。

「掛布雅之vs.岡田彰布」の原因とされた岡田の発言

阪神の派閥ネタでもうひとつあるのが「掛布と岡田の件」である。

過去に二人のあいだで特別な何かがあったわけではない。にもかかわらず、ことあるごとに「掛布派」「岡田派」で色分けされてしまった。こうなってしまったのには理由がある。

早稲田大からドラフト１位で阪神に指名された岡田が、入団発表の記者会見の席で、

「早稲田大学から入団します、三塁手の岡田です」

と挨拶した直後、その場にいたマスコミの目の色が変わった。当時の阪神において、不動の三塁手は掛布だった。岡田にしてみれば早稲田大で三塁を守っていたから何気なく発

言してしまっただけのようだが、翌日のスポーツ紙に、

「岡田、掛布に宣戦布告！」

と挑発的に書かれた。それ以後はなんとなく掛布と岡田は周囲からライバルに仕立て上げられ、挙げ句の果て、そのことで「不仲」という噂にまで発展してしまった。

「掛布派は○○で、岡田派は○○がいる」

「ベンチ内は、つねに緊張感に包まれている」

そんなこともスポーツ紙に書かれたりしていた時期もあった。

しかし、私が現役のころに二人がロッカールームで野球談議に花を咲かせている姿を見たことがあったし、口論している姿など一度も見たことがなかった。なんでこんな話になっているのか不思議に思って岡田に尋ねてみると、

「スポーツ紙がありもしない話を一方的に書いているだけですよ。僕が掛布さんと揉める理由なんて何ひとつないんですから。掛布さんは穏やかな人柄ですし、僕はいち野球人として掛布さんを尊敬しているんです」

とまで話していた。その後、掛布に聞いても、「ああ、なんか、そんなことを一部のマスコミが言っているようですね」と苦笑いしながら答えていた。掛布の表情や口調からし

て、とても岡田と以前、何かあったようには思えない。

そうなると答えはひとつだ。

「マスコミにしてやられたんだな」

岡田が2004年に阪神の監督に就任した年の春季キャンプで、掛布が視察に来て最後に「頑張れよ」と岡田と握手をしたときに、スポーツ紙のカメラマンがその瞬間を見逃さず、翌日の紙面で「世紀の握手」と書かれてしまった。

この記事が出てから数日後に、私が阪神のキャンプ取材で岡田に会うと、

「まだ、そんな感じで見られていたんですかね。ホンマ、いい加減にしてほしいですわ」

と嘆いていたのだ。吉田さんと村山さんの派閥の件といい、掛布と岡田の件といい、話に尾ひれをつけてミスリードしていったマスコミの責任は大きい。

「バースの再来」が100％外れる原因とは

阪神の外国人選手、とりわけ左打者を獲得した際によくいわれるたとえとして、「バースの再来」というものがある。

シーズンが終わり、オフの11〜12月になって獲得した左打者の外国人選手は、「バースのような活躍ができるのではないか」という期待を抱かせることが多い。そして、2月の春季キャンプ初日からパカパカ気持ちよさそうに打って、フェンスオーバーの打球を連発しようものなら、「バースの再来」といわれるようになるのである。

これは新聞を売りたいがための、あるいは視聴率を上げたいがための、マスコミの戦略のひとつだと考えられたらいいが、多くの、というより、ほぼ全員といっていい阪神ファンは真に受けている。

「バースの再来なら、今年は期待できそうやな！」

「今年はクリーンアップでバカスカ打って、優勝間違いなしや！」

などと気勢を上げるものの、いざシーズンに入るとクルックルッとバットが空を切り、あるいは凡打の山を築いて打率、本塁打、打点のいずれもが低空飛行のままでいる。「いつになったら調子が上がってくるんだ」と思ったころにはシーズン中盤が過ぎ、どうやら期待外れに終わるんじゃないか。そんな失望感が現実となる――という具合だ。

外国人選手の左打者を獲得するたびに「バースの再来」と呼ぶのはもうそろそろやめにすべきじゃないかと思っている。それをいわれた外国人選手にプレッシャーがかかるから

という理由ではない。

そもそもバースのことを生で見た外国人選手は存在しないだろうし、「オレはオレだ」という気概を持って、はるか遠くの日本まではるばるプレーしにきてくれている外国人選手に失礼すぎるからだ。

それに、いつまでもバース、バースと呪文のように言い続けているのは、なんだか昔おつきあいしていて別れた彼女のことを未練がましく思い浮かべているようで、そんなものは情けないと思えるようにならなければならない。

バース以降、さまざまな外国人打者が来日した。なかには走攻守ともにまったくダメだった者、かつては「神のお告げがあった」という信じられない理由から引退してしまった選手もいたし、矢野監督になってからも「今日はやる気が出ない」と言って試合前に帰宅した選手もいた。

獲得するからには当然、走攻守のどれかがすぐれているからという理由はあるのだろうが、結果がまったく出ないと、「そら見たことか」などと白い目で見てしまう阪神ファン、さらに追い打ちをかけるように、まるでおもちゃを扱うかのように徹底的に重箱の隅をつつくマスコミ。これでは、どんなに実績を積んだ外国人選手でも通用するはずがない。

それなら、まずは「阪神で活躍できる外国人打者」とはどんなタイプなのかを知っておいたほうがいい。私ならそう考える。

阪神で活躍する外国人の共通点とは

よくいわれる甲子園球場のライトからレフト方向に吹く「浜風」。これは内陸部の気温が高くなることで上昇気流が起こり、海側から内陸部に風が流れ込んでくる現象のことを指す。この風は梅雨時以降から夏場にかけて吹き、左打者にとってはライトに打球を打ったとしてもボールが押し戻された結果、外野フライで終わってしまうことが多い。つまり、夏の高校野球大会で甲子園球場を明け渡してしまう時期が、最も左打者が甲子園球場で本塁打が出ないことになる。

「高校生は打っているじゃないか」という声も出てくるかと思うが、彼らはプロとは違い金属バットで打っている。多少芯を外してもパワーがあれば打球がフェンスオーバーしてしまう用具を使っている彼らにしてみれば、浜風云々（うんぬん）はいっさい当てはまらない。

ところが、春先や秋口などの寒い時期は、浜風の風向きは気温が下がるので違ってくる。

阪神の応援歌にもある「六甲（ろっこう）おろし」はもともと冬場に吹く風のことを指し、内陸部にある六甲山（ろっこうさん）から海側に吹き下ろす強い風のことである。つまり夏場の暑い時期とは逆方向の風になるわけだ。

そう考えていくと、左の強打者にとってハンディとなる風にはならない。だから「バースの再来」などではなく、「春先と秋口は甲子園でホームランをパカパカ打ってもらって、梅雨時期から夏場にかけて甲子園で打てないのはしゃあない」という割り切りも必要なのである。

それよりは、「浜風の影響を受けない確実性の高い右打者」を獲得したほうが、阪神にとってメリットが大きいのではないだろうか。そうも考えるのは「ある理由」からだ。

バース以外に「これまで阪神で活躍した外国人打者」を思い浮かべてもらいたい。私の現役時代でいえばマイク・ラインバック（１９７６～１９８０年）が挙げられるし、それ以降となるとトーマス・オマリー（１９９１～１９９４年）、ジョージ・アリアス（２００２～２００４年）、アンディ・シーツ（２００５～２００７年）、マット・マートン（２０１０～２０１５年）、マウロ・ゴメス（２０１４～２０１６年）らの名前が続く。すると、アリアス以降の外国人選手に共通しているのは、いずれも「右打者である」ことだ。

つまり、梅雨時期から夏場の勝負どころで甲子園球場の浜風をものともせずに打てる外国人選手というかたちが、ひとつの答えだとたどり着く。

最近、阪神で活躍した外国人選手はジェフリー・マルテ（2019〜2022年）、ジェリー・サンズ（2020〜2021年）、メル・ロハス・ジュニア（2021〜2022年）である。マルテとサンズは右打者、ロハス・ジュニアは両打ちである。つまり、「バースの再来」など求めなくても、甲子園球場で活躍するためのストロングポイントさえ見つけてやればある程度は通用したわけだ。

このように見ていくと、外国人選手の打者が「バースの再来」である必要などどこにもない。「バースと違うポイント」があることで、阪神で活躍するための要素があるのではないか――サンズ、マルテ、ロハス・ジュニアの3人がそれぞれ活躍したからいいが、今後、新たに外国人選手を獲得する際には、「バースの再来」はすっかり忘れたほうがいいと、私はあえて断言する。

私が体験した「シブチン更改」の舞台裏

引退してからかれこれ40年がたつが、講演会などで一般の人に質疑応答をした際、いまでもよく聞かれることがある。

「契約更改って、結構モメたりするんですか？」

どうやら、一般の人からすると、契約更改でモメるのはどんなケースなのか想像がつかないというのだ。

だから、私はあえて「いまの選手は、ちょこっと活躍しただけでも簡単に年俸が上がってしまう。われわれの時代とは、ちょっと違うんですよ」と前置きをしたうえで、「年俸を上げるのは、そう簡単なことじゃないんですよ」と答えるようにしている。

東映で1年、南海で4年、阪神で6年と、阪神時代が最も長かったので、契約更改というと、阪神時代の印象が強い。

私の年俸は南海を出たときには800万円を超えるくらい。移籍1年目の1976年には15勝を挙げたので、「いったい、どれくらい上がるんだろう？」と胸躍らせながら球団事務所で交渉に臨むと、なんとアップした金額は90万円。つまり、900万円にすら届かなかったのである。

当然のことだが、不満に思った私は、簡単には判を押さない。

「いくらなんでも、この金額ではハンコを押せません。勘弁してください」

そう言ってはみたものの、相手は金額を上積みするそぶりすら見せない。今日のところは、どんなに粘っても埒が明かん——そう判断した私は交渉を打ち切って、後日また訪れることにした。

2度目の交渉のテーブルにつくと、提示された金額は前回よりさらに60万円アップ。トータルで150万円のアップとなったが、これでも1000万円には届かない。

すると、目の前にいる上層部のひとりが、こんな話をし始めた。

「江本君、君は知らないだろうが、いまのウチには1000万円以上もらっているピッチャーはいないんや。だから、ほかのピッチャーより多く勝っているからって、パ・リーグから来た君の年俸をドカンと吊り上げるわけにはいかん」

明らかにパ・リーグを軽視した発言だった。当時から「人気のセ、実力のパ」といわれていたものだが、「V9（1965~1973年の9年連続日本一）を達成した巨人、そし

て毎年のように2位に終わっている阪神のほうがパ・リーグより強いんや」という上から目線の意識を強く感じた言葉だった。

だからというわけではないが、私はここで観念した。これ以上粘ったところで10万、20万円程度のアップはあるかもしれないが、そこまでせこくなって金額を吊り上げるつもりがなかった。

しかし、このあと衝撃の事実が発覚する。ある生え抜きの中堅選手が、上層部のこうした手口を知っていたこともあり、５度、６度と足しげく球団事務所で交渉を重ね、トータル２００万円以上アップさせたという話を耳にした。微増、微増を積み重ねていった末の結果である。

「本当に、そんなことをやるヤツがおるんやな」

私はただただ苦笑いするしかなかったが、同時に「阪神で年俸を上げるのは簡単なことではないな」と身に染みて実感したことを、いまでもはっきり覚えている。

毎回同じパターンをたどる「お家騒動」

阪神が低迷するたびに起きている「お家騒動」。阪神のお家芸などといわれ、もはや伝統芸能の域に達した感があるが、監督が交代するときには一事が万事、大騒動に発展していくことが多い。ここ15年くらいでいえば、岡田から真弓に代わった2008年、真弓から和田に代わった2011年、金本から矢野に代わった2018年、矢野から岡田に代わった2022年あたりは監督人事で風雲急を告げていた。

12球団のなかでも、とくに阪神は熱烈なファンが多いがために、「監督が代わること」が、わが身に起きた不幸とばかりに受け止める者も少なくない。球団、そして阪神電鉄本社内では、監督の交代は「よくある人事のひとつ」だと捉えていても、ファンは「いったい、タイガースはこの先、どうなってしまうんや!?」などと悲観的に捉えられるために、結果的に「お家騒動」などといわれてしまう一面があるのも事実だ。つまり、ファンが静観していれば、「そこまで騒ぐほどのことか」と思えてしまうケースだって過去にはあったはずだ。

とはいえ、阪神の監督が契約期間を残して退任するケースが相次いでいるのも事実だ。その根本となる原因は、どこにあるのか？　答えは二つある。

ひとつは、「シーズン途中に早々とオーナーが監督の続投宣言をしてしまうこと」だ。たとえば、オールスター前までの前半戦を2位、もしくは3位で通過したとする。Aクラスで折り返すのだから、チームとしては健闘したという評価になる。これはまだいい。

そこで、「前半戦をAクラスで頑張ってくれたのだから、後半もボチボチやってくれるだろう」という期待値を高く設定し、「監督続投」をオーナーみずからメディアを通じて高らかに宣言する。２０２１年は9月18日に明かしている。

すると、これを受けてチーム内で起きてしまうのが、二つ目の原因の「選手たちの緊張感がゆるんでしまう」ことにつながっていく。

監督が続投するということは一軍の首脳陣、さらには二軍監督を含めた二軍の首脳陣も大幅に刷新されるようなことは、ほぼない。翌シーズンもユニホームを着続けられるか微妙なボーダーライン上の選手はいるにしても、それ以外の大方の選手たちは、

「来年も阪神のユニホームを着て現役を続けることができる」

という安心感から、自分を追い込むほどの練習をしなくなる（もっとも、それ以前から

自分を追い込む練習をしている選手がどれだけいるのかは疑問だが)。

やがて体のキレが徐々になくなり、投手は打たれ、打者は凡打の山を築いていく。気づけば、それまで維持していた順位よりさらに落ちていき、Aクラスをキープどころか、あっけなくBクラスまで順位を落としてしまう——という負のスパイラルが続くのだ。

悪いのは現場を預かる首脳陣ではなく、早々と監督の続投宣言をするオーナーと、その声に安心してゆるんでしまう選手たちになる。ただし、この流れは阪神が阪神であり続けるかぎり永遠に断ち切ることのない流れになるはずだと、私は冷静に見ている。

そうなると、心配なのは「この先、監督のなり手になる人材を探すのは難しいのではないか」ということだ。就任したときには阪神ファンから大きな声援を浴び、退任する間際には一転してボロカスに言われる。過去をたどれば、ブレイザーや安藤さんのようにカミソリやゴキブリの死骸が入った手紙が自宅に届くことを考えれば、「いまの安定した生活を手放して監督をやる気はない」と考える阪神OBが大勢いたって不思議な話ではない。

いまの岡田監督しかりだ。仮に成績が落ちて失脚するとなったら、「次は誰が監督になるの?」ということになりかねない。火中の栗（くり）を拾うのはリスクがいるが、大火事のように燃え広がった炎のなかの栗を拾う者など誰もいないはずだ。

だからこそ、あえて言いたいのだが、いっぺん阪神ファンは「お家騒動が起こるメカニズム」を冷静に分析してみる必要があるのではないだろうか。

久万俊二郎オーナーの「功」と「罪」

大阪で行きつけの店で食事をしていると、ファンに握手やサインを求められる。例の辞め方で阪神を去った私だったが、ファンからの温かい声は本当にありがたいと思っている。

30年ほど前、仕事で大阪に行ったとき、移動中のタクシーの運転手さんが、こんなことを私に聞いてきた。

「阪神の上層部はアホちゃいますか？」

聞けば、どんなに弱くてもオフになったら補強らしい補強をほとんどせず、前年と変わらないメンツで戦おうとしている阪神に対して不満が鬱積しているのだと言う。

「こんなありさまじゃ、巨人にはどうあがいたって勝てないでしょう」

というわけだ。たしかに、これには一理あるが、こうしたファンの声が上がる原因のひとつに挙げられるのは、１９８４年から２００４年まで在任した久万オーナーの責任が大きい。

久万オーナーは阪神電鉄の取締役、社長を歴任し、6歳上の小津球団社長とは出世争いのライバル的存在で、業界内では「阪神は小津か久万のどちらかがトップになる」と言われ続けてきた。その久万氏が阪神球団のオーナーとなったのは1984年。安藤監督でシーズン4位の成績に終わると、「小津さんには辞めていただく」とライバルのクビを切り、自身がトップに座る。

ここから本腰を入れてタイガースを強くする――そう思われていたのだが、久万オーナーには明確な「功」と「罪」がある。

まずは「功」の部分。なんといっても経営を安定させたことである。どんなに負け続けても儲かるしくみ――なぜ、このような経営が可能だったのか、いまもって不思議で、いろいろな人に聞かれても、明確な答えが出てこない。「阪神七不思議」というものがあったら、そのうちのひとつと見てもいいくらいだ。

普通、ぶざまな負けが続いたら、球場に行かない、グッズを買わない、スポーツ紙を買わない、阪神戦を中継しているテレビを見ない……と、ここまで徹底してもいいものだが、阪神ファンは、これらとまったく正反対の行動を取っている。「できの悪い子ほどかわいい」とはよく言ったもので、当時の阪神のチーム状況は、まさに「できの悪い子」だった。「罪」の部分は明快で、「チームを強くできなかったこと」だ。１９９０年代の終わり以降は野村さん、星野さんを監督に招聘するまでは、球団に対してお金を使うことなく、自前でなんとか賄おうとしていたフシが強い。オーナーが球団に対して、これだけドライな考え方だったからこそ、肝心の現場にいい選手は外部から入ってこなかったのだ。

それを象徴するのがＦＡによって獲得した選手の数である。阪神は１９９３年にこの制度が施行されてから１９９８年までの６年間で獲得したのは、オリックスの石嶺和彦（１９９４年）、山沖之彦（１９９５年）の二人だけ。同じ時期に、巨人は中日の落合（１９９４年）、ヤクルトの広沢克己（１９９５年）、広島の川口和久（１９９５年）、日本ハムの河野博文（１９９６年）、西武の清原和博（１９９７年）と５人を獲っている。

巨人のこうした補強に対しては、「横取りしすぎ」「いい選手は誰でも欲しがる」と批判的な意見が多いが、本来であれば、ファンから暗黒時代などと呼ばれ、低迷期真っただ中にいた阪神こそが、巨人が獲ったレベルの選手をイの一番に補強しなければならないはずだ。阪神が思い出したくないほど長く低迷が続いた要因のひとつは、こんなところからも垣間見える。

なぜ、監督を代えても強くならなかったのか

久万オーナーのもうひとつの「罪」は、暗黒時代における監督人事である。久万オーナーの時代は吉田さん、村山さん、中村、藤田と4人の生え抜きを監督に据えたが、吉田さんが監督を務めた「奇跡の1985年」と中村監督時代に健闘した1992年以外は失敗に終わったと見ていい。こうなってしまった最大の理由は、「監督はファンにウケる人材であればいい」と安易に考えていたことだ。

実際、久万オーナーは監督については、かつて「早稲田出身の中村と慶應義塾出身の安藤、名門を出た二人を交互に使っていればいい」と雑誌のインタビューに答えていた。久万オーナーは東京帝国大学、現在の東大出身である。そのうえ、阪神電鉄の上層部は京大、神戸(こうべ)大出身者で固められている。エリート意識の強い久万オーナーならではの発言であり、「学歴がある者が監督を務めれば、それなりの成果を出すはずだ」と一方的に決めつけて監督に据えた理由も一方ではあったはずだ。

それだけに、高卒の藤田が監督になったのは意外といえば意外だった。当時は中村が辞

任して二軍監督だった藤田にお鉢が回ってきたわけだが、藤田は阪神の暗黒時代において唯一の赤字を計上してしまった。そのうえ、順位は最下位ときたら、もはや退くしか方法はない。

藤田は生え抜きで2000安打を打った数少ないスター選手のひとりだった。それが監督で失敗し、退任後は指導者として阪神のユニホームを着る機会が一度もなかった事実から判断すると、じつに寂しい終わり方をしたものだと、つくづく考えさせられてしまった。

そのうえ、藤田のあとに立命館(りつめいかん)大出身の吉田さんを再々登板させたのは、いかにも安易すぎた。焼け野原と化したチーム内を再建できるのがこの人ではないことぐらい、少し考えればわかるはずなのに、久万オーナーはあえて吉田さんを指名。結果は2年間で5位、6位に終わった。

そこで、なぜ吉田さんに監督要請の声がかかったのかを考察してみる。私なりに考えた結論は、「吉田さんで、いい思いをさせてもらったから」だと見ている。

第3章でも書いたが、吉田さんの時代は観客動員数が200万人超えは当たり前。勝っても勝てなくてもその現象は続いた。その事実を久万オーナーは目の当たりにしていたからこそ、

「どんなに弱くても、お客さんが呼べる監督は吉田さんしかいない」と判断して、その名声にすがったのだと考えている。

とはいえ、吉田さんも村山さん（関西大出身）同様に、「過去の名声は当てにならない」ということを実証しただけに終わってしまったのは、なんとも皮肉な話ではあるが、この点は久万オーナーが残した汚点のひとつといえる。

「あの人は人を騙すのが仕事なんだ」

一方で、久万オーナーの眼力がたしかだと感じたのは、野村さんに対する見方である。久万オーナーは野村さんが例のサッチー騒動で阪神の監督を退任したあと、「あの人は経営者ではなく野球の監督」と言い切った。

「そんなの、当たり前じゃないか」という声を上げる人がいるかもしれないが、じつはここが大事なのである。

野村さんは楽天の監督を辞任した2009年以降、とにかく本を出しまくった。あるときは監督論、あるときは巨人や阪神を批判した本、晩年はＮＨＫの大河ドラマに引っかけ

て「明智光秀（あけちみつひで）」をテーマにした本を出した（これには失笑を禁じえなかった）。当然、全部が全部売れたわけではないが、「経営者やビジネスマンが読みたがるテーマに野村さんのお話をまとめさせてください」という出版社からのオファーが絶えなかった。

これを聞いて、すでに阪神のオーナーの職務を退任していた久万さんは、

「果たして、いち監督の意見をビジネスの現場で生かせるものだろうか？」

と懐疑的に見ていたに違いない。プロ野球の監督が経営者の心理や商売上のノウハウを語れるわけではないし、ましてや監督と経営者が抱える苦労は似ても似つかぬほど異なる。百歩譲って人材育成のことを野村さんが語ったところで、肝心なエリート選手の扱い方をわかっていなかったのでは、読者に向けての説得力に欠ける。

その結果、野村さんが監督時代に再生した選手の話や、私や江夏、門田博光（かどたひろみつ）とのエピソード、恩師である鶴岡さんや阪神や楽天の悪口、さらには長嶋さん、王さんに対する嫉妬心など、これらの話を順番を変えて文章化して読ませていたにすぎない。

それに加えて、現場にいる監督に対しての話におよぶと、建設的な批判ではなく感情的な悪口に終始し、それを実際に見聞きした出版社側の人間が悪口から批判にうまく言葉を換えて文章化していた——少なくとも私はそう見ている。

そもそも、私や江夏、門田を一緒くたにして「三悪人」と呼んでいたが、いまの若い人たちは、私たちとは違って、もっと素直で誠実な人柄の人間が多い。それとて人材育成の面から考えていくと、多くの人からの共感を得にくいのではないだろうか。

結局、野村さんの考え方をありがたがるのは野球が好きな50歳以上の男性がメインになるのだろう。そこには経営哲学や理念を学ぼうとする考えはなく、たんに「昔のプロ野球はよかった」と回顧録のように読んでいるケースが大半以上のはずである。

久万オーナーは野村さんが阪神の監督を退任したあと、こんなことも実際に言っていた。

「あの人（野村さん）は人を騙すのが仕事なんだ」

楽天時代の初年も含めると4年連続最下位だったにもかかわらず、楽天最後の年の2009年に2位となった。CSファイナルステージで敗退したものの、楽天と日本ハムの選手全員から感動的な胴上げをされたことで、その後は名監督然とした振る舞いをし続けた野村さん。

それ以後は著書が増えていく一方でも語る内容に差はなく、あの手この手で品を替えて読者に読ませようとしていた。それだけに、久万オーナーが「騙すのが仕事」と野村さんを見ていたのは腑に落ちる話なのである。

鳥谷敬、能見篤史、今岡誠……旅立った選手の共通点

2020年暮れの話だが、ロッテに移籍した鳥谷敬とオリックスに移籍が決まった能見篤史が大阪のテレビ番組に出演して阪神にまつわる話をしていたときのこと。司会進行役を務めた阪神OBの狩野恵輔の「阪神で最後の試合は感慨深いものがあったか?」という問いに、二人が「全然」と話していたシーンが、一部の阪神ファンのあいだで話題になった。

さらに話は続き、なんとか場を取り繕おうとした狩野が二人に別の話をすると、能見は阪神ファンにやめてほしいこととして、

「相手ピッチャーが降板したら『蛍の光』を歌うのはやめてほしい。あんなのは聞いていて気分がよくない」

と真顔で言ったのだ。そう言いたくなる能見の気持ちもわからなくはない。同時に、私は鳥谷と能見の話を聞いて、「長いこと阪神でプレーしていたけど、きっと『大阪の水が合わなかった』んだな」と感じた。

当たり前だが、ドラフトで指名される選手は全国津々浦々の出身者である。そのなかで、阪神の水に合う選手もいれば、合わない選手もいる。これは環境や人間関係など、さまざまな要因が複合してできるのでいたしかたのないところであるが、一度「合わない」ことが露呈すると、ストレスに思うことが増大し、あるときを境に不満が爆発する――そんなことだって大いにありうる。

また、トレードなどで阪神から放出されて他球団で現役を終えることになった選手は「大阪とは縁がなかった」ということになる。

過去をたどれば、田淵さんや江夏、加藤博一、前出の松永や野田、新庄、最近でいえばFAで阪神に来た新井、同じ制度を使ってDeNAに移籍した大和、トレードで西武に移籍した榎田大樹、鳥谷や能見と同じく阪神を出てロッテで現役をまっとうした今岡……挙げればキリがないが、阪神を出て戻らなかった人はこれに当てはまる（今岡は指導者として戻ったが、一時期はロッテに行っていた）。

だが、阪神を出たからといって悲惨な未来になっているとはかぎらない。田淵さんや江夏、新井などは移籍先で優勝、あるいは日本一を何度も経験することができた。阪神を出ていったことによってバラ色の未来に変わることもあるし、その人にとってよかったという例だって実際にある。つまり、「阪神の選手」としてではなく「いち野球人」としてプロ野球人生が幸せになればいいという考え方でなくてはならない。

これに近い考えを持っているのが巨人の原監督である。2021年7月に炭谷銀仁朗を楽天に金銭トレードに出した際、「野球人としてさらに飛躍してほしい」というコメントを出した。現状のままでは働き場がないが、ほかのチームに行けば自分が輝ける場所がある、と思ってこそのトレードだったが、この考え方は正しい。今後はこうしたトレードを球界全体でも、もっともっと活発化させていくべきだし、議論を重ねていくべきだ。

「星野流」が楽天では批判を集めた理由

反対に、「大阪の水が合った」人は誰なのか。阪神ひと筋の野球人生だった吉田さんや村山さん、阪神を一度は離れたものの再び指導者として舞い戻った岡田などはここに当てはまる。彼らは阪神という環境に適応していたのは間違いない。

外様であれば、なんといっても星野さんだろう。監督に就任してから2年で阪神を優勝に導き、退任後も球団初のＳＤという肩書をもらって存在感を見せつけた。生え抜き以上に外様には厳しい扱いを受ける人が多かったなかで、星野さんは間違いなく阪神での成功者と呼んでいい。

だが、その星野さんも楽天で監督を務めたときには苦労した。その一因に挙げられるのが、喜怒哀楽が激しかったところである。

私がニッポン放送の解説の仕事で仙台（せんだい）に行ってランチを食べようと地元のお店に行ったとき、店主からこんなことを言われた。

「星野さんのベンチ内での苦虫を噛みつぶしたような表情は、なんとかならないものですかね」

この店主にかぎらず、東北の楽天ファンのあいだでよく耳にした話だった。また、星野さんが審判に猛抗議している姿に否定的な意見が多かった。阪神の監督時代、本拠地の甲子園球場で星野さんが審判に猛抗議すると、スタンドの阪神ファンが拍手喝采を送った姿とは180度違う悪評ぶりだった。

ここまで嫌悪された原因のひとつは、大阪の人と東北の人の性格の違いが大きい。東北の人は感情を内に秘めて口数少なく話すのに対し、大阪の人は表情豊かに感情を出して饒舌（じょうぜつ）に話す人が多い。それが東北の人たちからすると「怖い」と感じてしまうのだ。

大阪は吉本興業や松竹芸能といったお笑い文化の発信の地である。彼らの芸風は、ときには大きな声を出したり、突然怒って見せたりと、感情豊かな表現を前面に出してお客さんを笑わせる芸風だ。それだけに、星野さんの喜怒哀楽を出した立ち居振る舞いは大阪の人たちにとって心地よく感じたはずだ。

こんなこともあった。当時、西武に在籍していた渡辺直人がＫスタ宮城（現・楽天モバイルパーク宮城）で代打で登場して二塁打で出塁し、その後、決勝のホームを踏んだ。このとき、渡辺に対して楽天ファンが拍手を送ったのだが、星野さんはこれに噛みついた。

「ここのファンはわからんね。直人が出てきて拍手、打たれて拍手。チームが負けてもいいんだよ。ホンマ腹立つわ」

このコメントが仙台の楽天ファンの逆鱗に触れた。渡辺は楽天が低迷したころに精神的支柱として働いた功労者である。星野さんが監督になってすぐにＤｅＮＡにトレードで放出された際（のちに復帰）、チームメイトだった嶋基宏は悲しみのあまり涙を流し、楽天ファンも嶋同様に悲しんだ。その経緯を知っていたからこそ、仙台のファンは渡辺に声援を送っていたのだが、星野さんにはとうてい理解できるものではなかった。かつての仲間が敵味方に分かれた時点で、情けをかけることなど勝負の世界には必要ないと考えていたのだ。

楽天のチーム創設以来初のリーグ優勝が決まろうとしていた2013年9月下旬、多くの報道陣を前に、星野さんはこんなことを話し始めた。

「仙台の人がオレのことを好きじゃないのはわかっていた。それならそれでいい。オレは最後に胴上げされればいいんだ」

星野さん自身、「仙台の水が合わない」ことは熟知していた。だが、どんなに批判されても、優勝すれば「手柄はオレのもの」だということを、ほかの誰より星野さん自身がよくわかっていたからこその偽らざる本音だった。

大阪にかぎらず、その土地の水が合うかどうかは、その人が持つ人柄や性格によるところが大きい。星野さんがすごいのは、たとえ仙台の水が合っていないとわかっていても、批判を一身に受け止めて優勝に邁進(まいしん)した心の強さである。これは真似できるようで、なかなかできないことである。

「空白の一日」事件後に小林繁が口にした衝撃発言

一方で大阪の水が合う、合わないという見方を超えて、「阪神に来なければ違った人生になったんじゃないか」と思ったのは小林繁である。前にも触れたように、小林は江川に代わって1979年2月の春季キャンプ時に巨人からトレードでやってきた。

小林が内面に抱いていたであろう「読売憎し」の感情が強い阪神ファンにとって、小林の移籍は「悲劇のヒーロー」の誕生であり、甲子園球場での試合に小林が登板すると、みんな声をからして応援していた。そうしたなかで、巨人戦には負け知らずの8連勝。シーズンでもキャリアハイとなる22勝を記録。阪神ファンにとっては、まさに溜飲を下げた1年だったに違いない。

小林が阪神に来てすぐの挨拶で、こんなことを話していた。

「巨人には伝統があるけど、阪神には伝統がない」

いうまでもなく、阪神は巨人に次ぐ歴史を持つ球団である。それを「伝統がない」とは何を言っているんだと、当初は阪神の選手から反発の声も上がった。

だが、これは「勝つことに対する執着心の差」を意味していた。外から客観的に阪神という球団を見ていて、あるいは首位争いを演じていて、そのような印象が強かったことが想像できる。これは、いまの阪神にも同じことがいえるだろう。

原監督は勝利至上主義といわれ、アンチ巨人ファンから猛烈に批判されようとも、「それが何か悪いとでも言うんですか？」と、どこ吹く風とばかり平然としている。つまり、勝つことに対する執着心は巨人が長年築き上げた伝統であり、阪神にはそれがまったくといいほど欠けていたのだ。

その証拠に、のちに阪神は長期間にわたる暗黒時代を経験しているが、巨人にはそうした時期が、ほとんどといっていいほどない。せいぜい長嶋さんが監督１年目だった１９７５年、堀内が監督を務めた２００４年からの２年間、最近でいえば高橋由伸が監督を務めた２０１６年からの３年間くらいなものである。だが、高橋が監督をしていた時代には、現在四番を打つ岡本和真が成長し、「次世代の巨人の四番を育成した」という点では希望があり、今日につながっている。

そう考えると、小林の発言はじつに的を射ていて、その後の阪神の体たらくぶりを見るにつけ、正解だったのは間違いない。

「阪神・小林繁」に救いの手を差し伸べた長嶋茂雄さん

小林の阪神入りは、じつは当時巨人の監督を務めていた長嶋さんにも知らされていなかった。小林が巨人に入団したのは1971年のドラフトで、指名順位は6位だった。体重が70キロに満たない細身の体ながら、長嶋さんが監督に就任した2年目の1976年、つまり私が阪神に移籍した1年目にあたる年だが、彼は18勝を挙げたうえに、広島市民球場での優勝決定試合にリリーフで登板。見事に3年ぶり29度目の優勝を達成して胴上げ投手となった。

翌年以降も18勝、13勝を挙げて巨人の柱の一角に成長した。長嶋さんが監督に就任してから4年間で、一番勝利に貢献したのが54勝を挙げた小林だった（2位が堀内で46勝、3位が新浦壽夫で39勝）。

まさに巨人での野球人生の絶頂を迎えようとした矢先に江川騒動で阪神に移籍することになったのである。記者会見で、小林はこう語っている。

「阪神さんからの強い要望であること。いやいや行くんではなしに、誘われて望まれて行くんですから。僕に対する世間の感情というのは、かわいそうとか、そういうふうに取られるとは思うんですけれども、あくまでもプロ野球の選手ですので、向こう（阪神）に行ってからの仕事で判断していただきたい。同情は買いたくないということですね」

その毅然とした態度に多くの人が称賛の言葉を贈ったが、長嶋さんも例外ではなかった。じつは、長嶋さんは小林が阪神への移籍相手だとはそれまで知らされていなかった。その証拠に、周辺にいた担当記者には「今年はコバで日本一になるぞ」と息巻いていた。ところが、江川の交換相手が小林だとわかった瞬間に、「コバだったのか……」と天を仰いで頭を抱えていたのだ。

だが、小林の記者会見を目にした途端、「立派だった」と感心し、すぐに小林に電話を入れて、「巨人の選手らしく、堂々とした記者会見だったぞ」とほめ称えたそうだ。

その後、小林が右ひじを痛めたときに助け舟を出したのが長嶋さんだった。巨人時代に小林専属だったトレーナーを呼び、「大阪に行って、小林の右ひじを見てやりなさい」と言って治療にあたらせていた。

小林は、この話の主が長嶋さんであることに感激し、

「それまで持っていた巨人に対する恨みつらみは、長嶋監督のこのときの行動と言葉で全

部消え去りました」

と周辺の記者に話していたそうだ。頼りがいのある投手だった小林が苦しんでいる姿を、長嶋さんは見ていられなかったのだろうし、「小林にはいい思いをさせてもらった」という感謝の思いから、恩返しがしたくてこのような行動を取ったことが容易に想像できる。

タイガースが縮めた小林繁の投手生命

小林は阪神に来てから1983年に引退するまでの5年間、もっと言えば1976年から8年連続二桁勝利を記録したまま31歳でユニホームを脱いだ。本当に早すぎる引退だった。最後の年は13勝を挙げ、翌年も現役続行していれば、間違いなく二桁は勝っていただろう。

だが、小林はそうした道をみずから放棄した。引退後、しばらくしてから、小林は、

「巨人にいたら35歳まで、投げられたらもっと先まで投げていた」

という趣旨の発言をしていたが、阪神ではそう考えることができなかった。移籍1年目の1979年に22勝を挙げたものの、その後も「チームのいち投手」としてではなく「悲

劇のヒーロー」と見られ続けたことに疲れてしまったと、のちに小林本人も語っていた。

だからこそ思う。彼は阪神に来なければ、また違った人生を歩んでいたはずだ。

巨人は1980年オフに長嶋さんから藤田元司(ふじたもとし)さんに監督が代わった。2020年の宮崎での春季キャンプで私が原監督にインタビューした際、藤田さんのことを、

「自分のテリトリーのなかで自由にさせてくれた半面、そこから外れたら厳しく叱ってくれた人」

だと評していた。当時の巨人は20代前半から半ばの年齢の選手が多く、ときには叱り飛ばすこともあっただろうが、もうすぐ30歳を迎えようとしていた小林は、いってみれば中堅の選手。藤田さんなら、キャリア十分の小林を大人扱いして全幅の信頼を置いて起用したに違いない。たとえ打たれることがあったとしても、それはそれ。藤田さんのほうから「次は頼むぞ」と小林にひと声かけて、次戦での雪辱に闘志を燃えさせていたはずだ。

だが、阪神では、ブレイザーの突然の辞任や私の「アホ」騒動など、幾度も騒動が起きるたびに、「ここは巨人とは違う。やはり伝統がないチームなんだな」ということを再確認したことで、「阪神では優勝するのも難しいだろうし、これ以上投げる理由がない」と燃え尽きてしまったとしても不思議な話ではない。この点は小林に同情を禁じえない。

スター選手が「芸能人」になるリスク

引退後の小林はスポーツキャスターを務めたかと思えば、１９９５年には参院選にも出馬した。だが、結果は落選し、得票率が１％にも満たなかったために供託金が没収された。選挙に出馬するということは、それまでのいっさいの仕事を手放さなければならない。落選した際に小林のような結果になれば、供託金を没収され、金銭的に苦しくなる。実際、小林も落選したあとは仕事をすべて失い、かなりの苦労を強いられたと聞いた。

じつは、この責任の一端は私にもある。

手前味噌で恐縮だが、引退してから『プロ野球を10倍楽しく見る方法』（ベストセラーズ）が２００万部を超える大ヒットを果たした。それだけでなく、プロ野球中継の解説の仕事を務める傍ら、テレビのバラエティー番組の司会や俳優業にも挑戦。１９８３年に公開された映画「細雪」では、あの国民的女優の吉永小百合さんの相手役という、大変名誉な大役をいただいたりもした。そして、１９９２年にはスポーツ平和党から参議院選挙に出馬して当選。野球解説者から一転、政治家になることもできた。

このように芸能や政界の仕事でちょっとだけうまくいっていた私を見て、「オレもこれまで縁のなかった異業種の仕事をやってみよう」と考えていたフシがあったと小林の周辺の関係者から聞いていた。そのときに私がキッパリと、

「オレが成功したのは、たまたま運がよかっただけ。長続きするような仕事じゃないから、野球以外の仕事はやめておいたほうがいい」

と言うべきだったのではないか。もちろん、私がそう苦言を呈したからといって小林自身が考え方を改めたかどうかはわからないが、少なくとも「芸能界での名声なんて、いつなくなるかわからない」という危機意識を持って仕事をしていたのではないだろうか。いまでもそんな思いがある。

結果的に小林が野球以外の世界の仕事に足を踏み入れたのは大きな間違いだった。芸能界で働いているタレントは人気が出れば数多くのテレビに出ることができるものの、浮き沈みが激しい。人気がなくなってきたとプロデューサーから判断されたら、それ以後は番組で使ってもらえなくなる。そのうえ、クレジットカードをつくるのも、住宅ローンを組むのも容易ではない。

芸能界の仕事を長く続けるとなると、ほかの人にはない武器がなければならないし、そ

れを長く維持し続けるだけのスキルも必要になる。引退したプロ野球選手も、一時はテレビやラジオなどで起用されるものの、5年、10年たつと「あの人は今」のような立場になっている……なんていう野球人もめずらしくもない。

小林は、「江川の代わりに阪神に行った悲劇のヒーロー」という唯一無二の武器を持っていたことはたしかだが、それだけでは食べていけない。江川騒動の5年後に引退したわけだから、直後はテレビのプロデューサーも、「あの小林投手か」と、おもしろがって番組に多く呼ばれることは考えられる。

しかし、5年、10年と時間がたてば、「ああ、そんなこともあったっけ」と多くの人の記憶は薄れてしまう。そんな博打（ばくち）を長年打ち続けるくらいなら、「野球界に育ててもらった」ことを恩義に感じて野球の仕事に専念したほうが、よっぽど小林自身のためになる。私はそう考えていた。

彼は亡くなったとき、日本ハムで投手コーチの仕事をやっていた。人生の最後が野球人として終われたことは、小林自身にとって幸せだったに違いない――そう信じたい。

第6章

ドラフト会議で4球団から1巡目指名され、1年目から前半戦だけで20本塁打を放った佐藤輝明。周囲の「雑音」を振り払い、本塁打を量産できるか。

「常勝軍団」への提言

「本当の強さ」を手にするために必要な条件

「長嶋茂雄」がいないことを自覚せよ

「ミスター・タイガース」と聞いて、みなさんは誰を思い浮かべるだろうか。阪神の歴史を知っているファンなら、プロ野球創成期を代表するスターで「もの干し竿」と呼ばれた長いバットを使いこなした藤村富美男さん、私と同年代であれば田淵さん、それより下の世代であれば掛布といったところか。

だが、「ミスター」と呼ばれる選手は、本来はひとりでなければならない。なぜなら、「そのチームを象徴した人物こそがミスターの称号にふさわしい」と考えているからだ。

その点、巨人の場合は「ミスター・ジャイアンツ」は長嶋さん一択であることに疑いの余地はない。過去にも川上さんや王さん、原、松井と名選手を挙げれば数多くいたものの、長嶋さんほど巨人というチームを象徴した人物はいない。

２０２１年６月、丸が極度の打撃不振で二軍に落ちたとき、よみうりランドのジャイアンツ球場を長嶋さんが突然訪問してきた。目的はただひとつ、丸の状態を確認しにきたのである。打ちにいく際の姿勢や体重移動のコツなどをチェックし終わると、

「オッケー、オッケー、もう大丈夫だ」

と太鼓判を押した。これを聞いたほぼすべての巨人ファンが、

「本当に、ちょっと見ただけで大丈夫なのか？」

と疑問を持ったはずだ。


しかし、丸は交流戦を終えた直後の甲子園球場の阪神戦でスタメンに復帰すると、打棒が爆発。「三番・中堅」の定位置に返り咲いて、オールスター直前の前半戦までに打率を3割近くまで上げた。この事実を目の当たりにした巨人ファンは、

「長嶋さんが言っていたことは本当だったんだ」

「さすがにミスターと言われるだけに、すごい」

などと称賛の声が絶えなかった。本当はそれまでに阿部慎之助二軍監督（現ヘッド兼バッテリーコーチ）らが指導して丸の打撃フォームを修正していたはずだが、「長嶋さんが見た」というだけでメディアは大きく取り上げる。そのうえ、丸が本当に復活したのだから、「長嶋さんの眼力に加えて、神通力もたしかだった」という評価になる。おそらく、今後、長嶋さんの数多くの伝説が語られる際に、丸が復活したエピソードも加わるに違いない。


これに対して、阪神に長嶋さんのような存在がいるのか、と聞かれれば、残念ながらい

ない。ミスター・タイガースは何人か名前が挙げられるものの、長嶋さんのように強烈なカリスマ性を持ったキャラクターはいない。

人は本当に困ったときや苦しいときほど神の助けを願い求める、いわゆる神頼みをしたくなるようなことが一度や二度はあるはずだが、巨人にとって困ったときの神頼みをする人といえば長嶋さんであり、またそうした難題に応えて解決してくれるものだから、神さま以上にありがたがられるのだ。

２０２１年7月に開催された東京オリンピックの開会式で、長嶋さんは王さん、松井らとともに国立競技場内の聖火リレーに登場した。ゆっくりながらも一所懸命に自分の足で前に進もうとしている長嶋さんの姿を見て励まされた人も多かったに違いない。私も長嶋さんの姿に感動し、思わずもらい泣きするほど感動した。

残念ながら、阪神には今後も長嶋さん以上の存在になるような逸材は出てこないだろう。高度経済成長期で日本が戦争から復興していく最中に日本中を熱狂させた長嶋さんのような存在は、巨人のみならず、プロ野球界が発展していくプロセスにおいて奇跡のような存在だった。それだけに、長嶋さんのような存在がいない阪神は、ありきたりな言葉になってしまうが、泥臭くプレーするしか道はないのである。

在阪局のOB解説者は選手に忖度するな

いまのままでは、残念ながら阪神が巨人を超える日はやってこない理由がもうひとつある。それは、「阪神のOBがあまりにも球団に気を使いすぎること」である。なぜ、そうなってしまうのか、それは、「野球の仕事にありつきたいから」以外の理由がない。

東京から大阪に行ってスポーツ紙を買うと、東京と1面の記事の内容が違うことがよくある。たとえば、東京であれば「大谷、弾丸ライナーのホームラン」が一面だったとしても、大阪では「大山、起死回生の決勝打」「西（勇輝）、エースの意地」など、すべてが阪神ネタを扱っている。また、2面以降を見ると、場合によっては4面、5面まで阪神ネタが書かれている紙面を見ることもある。

こうしたことから、大阪で阪神に苦言を呈するような解説者は誰ひとりとしていない。まるでどこかの国の国営放送のように「阪神万歳」のコメントしか出さないのだ。結果的にこれが阪神の選手を甘やかしてしまっていることに気づいている人は少ない。

たとえば、大阪のABCテレビ・ラジオのプロ野球の解説陣を見てほしい。ホームページに出ている解説者全員が一度は必ずタテジマのユニホームを着ている人ばかりだ。どこからどう眺めても阪神出身者の彼らが「忖度（そんたく）しない解説をします」などと言うわけがないし、必然的に球団寄りの解説に終始してしまう。

チャンスでクリーンアップが凡退しても、あるいは先発投手が炎上しても、「次に期待したいところですね」としか言わない。苦言を呈した解説ではなく温かい声援のような解説では、選手たちは本当の意味で精神的に鍛えられない。そこには解説者たちの「選手から嫌われたくない」という理由もあり、どうしても甘めのコメントになってしまう一面もあるのだろうが、これでは阪神の選手や解説者たちは井の中の蛙である。

以前、同じ野球解説者でロッテ出身の里崎智也（さとざきともや）から聞いた話だが、２０１８年春、ペナントレースの開幕前に大阪で阪神を応援する番組に彼が呼ばれた。そこではっきり「僕はいっさい忖度しませんからね」と番組を担当していたプロデューサーに伝えて出演。この年に活躍しそうな選手は誰か、ルーキーは期待できそうかなどを話し、大いに盛り上げた。

そうして、番組の最後に司会進行を務めたアナウンサーから「今年のタイガースの順位を予想してください」と言われ、一緒に出演していたある阪神ＯＢは当然のように「１位」、阪神を応援しているタレントは「2位」などと挙げているなか、里崎がフリップボードに書いた数字は「6位」、つまり最下位だった。これには、その場にいた全員が沈黙してしまったというが、シーズンが終わってみると、なんと阪神は最下位となり、里崎の予想は見事に的中したのだ。

翌年以降、里崎はその番組から声がかかることがなかった。彼自身、プロデューサーに予告したとおり、忖度することはいっさいなかったが、番組の制作側の本音としては、「阪神に忖度できない人はスポンサー筋などからクレームが入ってくる可能性が高いから、怖くて番組に呼べない」

という気持ちがあったのだろう。

だが、里崎のような解説は、東京ではごく当然のことである。以前、私は里崎と「東京の放送局はどこも忖度する必要がないから、自由にしゃべれていい」という話をしていた。本来、野球の解説というのは本音で話すものであり、「批判したら、その球団の解説の仕事にありつけない」というのでは、情けなさを通り越して、人としての信頼性にも欠けるのではないかとさえ思えてしまう。

だからこそ思う。阪神に忖度する番組側の姿勢こそが阪神の選手をダメにしているのだ。どんなに選手を持ち上げてみたところで、実力がなければ活躍することができない。それ

を明言できるのは、アナウンサーやタレントなどではなく、プロの第一線でプレーし続けたＯＢである解説者たちのはずだ。それを一度でも阪神の批判をしようものなら次から二度と番組に呼ばれなくなるという理由で苦言を呈することすらできない。これでは、野球解説者を名乗る資格などない。

とはいっても、彼らにも生活権があるのだから、「辞めろ」とは言えないが……。

ＯＢはキャンプで自己アピールをするな

阪神のＯＢには当然、監督を決める決定権はない。お家騒動が起きたときに渦中にいるのは上層部の人ばかり。ＯＢはつねに蚊帳の外である。監督人事について発言する者もいるが、上層部の人たちは、そうした意見を参考にすることはない。オーナーの鶴のひと声で決まったあと、「頑張ってほしい」などと、せいぜい激励する程度しかできない。

それでは、ＯＢはなんのために存在しているのか。私が阪神のＯＢ連中を見ているかぎりでは、「自分の存在感を、メディアを通じて発信させたいから」としか思えない。とくに歴代のＯＢ会長にはその傾向が強く、現役の選手たちに対してプラスになるような発言をどれだけしているのか、はなはだ疑問である。

春季キャンプなどで主力選手や有望な若手にアドバイスを送るＯＢもいるにはいるが、果たして選手たちはどこまで話を聞いているのだろうか。少なくとも、私が現役のころは、ＯＢが春季キャンプに来訪すると、挨拶はするものの、技術的なアドバイスをもらったとしても聞き流すことが多かった。これは聞く耳を持たないということではなく、技術的に私には合わない、もしくは自分のフォームがダメになることがわかっていたからだ。

ＯＢの人たちは毎日のように選手の練習している姿を見ているわけではない。キャンプ以外で、シーズンに入ってからも試合や練習に付き添うのはユニホームを着ている現役のコーチたちである。仮に技術的なことで同じアドバイスをしたとしても、たまにフラッとグラウンドにやってくるＯＢより、毎日見てくれているコーチのほうが現場の選手たちは聞く耳を持ちやすい。これは野球にかぎらず、ほかの分野でも通じることがあるはずだ。

それでは、ＯＢとはどういう存在であるべきか。私は、いないよりは、いたほうがいいとは思うが、自身の存在をアピールするだけのＯＢや、選手の邪魔になるようなＯＢであれば、必要ないと思っている。

あくまでもグラウンドの主役はユニホームを着ている選手たちだ。いちＯＢとして、そのことを決して忘れることなく謙虚に振る舞うことを心がけたい。

「次期監督養成システム」を確立せよ

これまで阪神の監督人事というと、場当たり的な決め方がほとんどだった。安藤さんや中村、藤田、岡田、矢野らは二軍監督を経験してから一軍監督というプロセスを経てはいた。しかし、実際には負けが込んでいよいよ浮上するきっかけがつかめそうにないと判断が下されると、「さて、次は誰を監督に据えようか」という流れのなかで監督が更迭され、次期監督が決まっていったケースがほとんどだった。

このような結果になりがちだったのは、負けが続いたことによるファンの不満や怒りを抑え込むために、阪神の上層部が場当たり的に、「いまをしのげればいい」という判断で監督を決定していたことが大きかった。

このようなとき、私は二つの方法を取るべきだと考えている。

ひとつは、たとえ低迷するシーズンがあっても、信念を持って監督を決めたのであれば、阪神の上層部はファンの不平不満をあえて受け流して、「来年も現体制で行く」と宣言し

てしまえばいい（優勝争い中のチームだと問題があるが……）。そのときに、

「なぜ、今年は低迷したのか」

「来年は、どういうプランを持って浮上しようとしているのか」

「キーマンになる選手は誰なのか」

ということまで会見を行って発表する。そうすれば、阪神ファンだって、「そこまで言うなら、もう1年、辛抱して応援してやるか」という空気に変わっていくはずだ。


もうひとつは、「一軍ヘッドコーチや二軍監督を務めた者がタイガースの次期一軍監督候補者である」ということをメッセージとして発信していくことだ。

たとえば、ヤクルトの場合、一軍監督になる前に一度、二軍で監督経験を積ませてから昇格するかたちを取っている。ここ10年を見ても、小川淳司（おがわじゅんじ）、真中満（まなかみつる）、現監督の高津臣吾（たかつしんご）と、3人がいずれも二軍監督経験者だ。それゆえに、多くのヤクルトファンは、「いまの二軍監督は次期一軍監督に就任する可能性がかぎりなく高い」という認識を持っている。

この方法で監督を一定期間やらせても、結果がともなわなければ、そのときは残念ではあるが退いてもらう。二軍監督で選手を育てることには長けていたものの、勝利を求められる一軍監督には向いていないことだって十分にありうるからだ。

阪神もヤクルトの監督擁立のプロセスを参考にして、「一軍監督に近いポジションにいる者、一軍ヘッドコーチや二軍監督の任務にあたっている者は次期監督候補者である」というメッセージを送ることで、お家騒動は消えていくはずだ。

特定の選手を「聖域ポジション」にするな

岡田監督の采配を見ていて感じるのは、「特定の選手に聖域をつくること」をせず、すべての選手の適性を評価した結果、納得の布陣を敷いているように思える。

2022年の秋季キャンプで、それまで遊撃を守っていた中野拓夢を二塁にコンバートした。中野の肩の強さや捕球してからの一連の流れを岡田監督自身が見て、「ショートよりセカンドのほうがいい」と判断したからであるが、これは正解だった。守備による負担が減ったこともあってか、打撃面でも成長し、春には第5回WBCの日本代表、さらにはオールスターに選ばれるまでになった。このコンバートは高く評価していい。

一方で、2021年シーズンまで二塁のレギュラーだった糸原健斗(いとはらけんと)はベンチを温める日が多くなった。たしかに、彼の打撃技術は捨てがたいものの、守備には難があった。それでも、矢野前監督時代は多少の守備のミスには目をつぶり、打撃を優先してスタメンで起用していたが、岡田監督はそれをよしとしなかった。「守備のいい者を優先して使う」と中野を二塁にコンバートし、入団4年目の小幡竜平（おばたりゅうへい）の安定した送球と高い身体能力を生かした守備範囲の広さを評価して遊撃のレギュラーとして起用した。

小幡からレギュラーの座を奪った入団5年目の木浪聖也は、入団1年目こそ113試合に出場したものの、2022年のシーズンはケガなどの出遅れによって41試合の出場にとどまった。だが、岡田はその肩の強さと勝負強い打撃を評価し、小幡に代えて遊撃のレギュラーの座を与えた。腐らずに努力した結果が活躍につながっていると見ていい。

一方で、打撃不振の梅野隆太郎については評価の分かれるところではあるが、岡田監督は、あえて梅野を起用し続けているように見える。一部では「坂本（さかもと）（誠志郎（せいしろう））をレギュラーで起用しろ」という声もあるが、彼は梅野に比べて肩が弱い。やすやすと盗塁を許すような隙が生まれてしまうなら、強肩の梅野に託すのが岡田監督の狙いのひとつである。

また、佐藤輝明が不振になったと見るや、二軍に落とす荒療治をやってのけた。シーズン前には佐藤輝の状態を心配していたにもかかわらず、「五番・三塁」に頑（かたく）なにこだわらなかった姿勢は、選手の現状を客観的に分析していたからこそできたことである。

どんな監督になっても、選手起用については、すべてのファンが納得するという答えがない。チーム状態がいいときは「信念がある」と評価されるし、チーム状態が悪くなると「頑固で融通がきかない」とマイナスの評価をされがちだ。

とくに阪神の場合はファンの声が難しくさせることもある。たとえば、佐藤輝が不振のときは、「渡邉(わたなべ)(諒(りょう))か糸原を出して現状を打開しろ」などと言ってはみたものの、いざ彼らを試合で起用してみたものの結果を残さないと、「やはり佐藤輝のほうがいい」と言い出す。こうした声に振り回されていては阪神の監督は務まらない。このことを岡田監督は誰よりよく知っている。だからこそ、この先も阪神の監督として指揮を執り続けるかぎり、外野の声は気にせず、自分の信念を貫き通してほしいと期待している。

選手を「飼い殺し」にせず トレードや現役ドラフトで生かせ

2023年シーズンに阪神が優勝争いができた最大の理由として、現役ドラフトで獲得した大竹耕太郎の活躍をなくして語れない。前にも書いたが、大竹はソフトバンクではローテーションどころか中継ぎとしても一軍からお声がかからなかった。彼のストレートと変化球ではパ・リーグの打者を抑えるのが難しいと首脳陣が判断してのことだろう。

だが、セ・リーグに来て大活躍した。2022年から実施された現役ドラフトで移籍した選手のなかでは、DeNAから中日に移籍した細川成也（ほそかわせいや）と並ぶ大活躍といっていい。

私はこうしたトレードは大賛成だ。選手によっては「彼はパ・リーグの球団には向いていないけど、セ・リーグ向きなんじゃないか」というタイプもいるし、逆もまたしかりである。このことは大竹が証明してくれたわけだが、私は彼にかぎった話ではなく、ほかの球団にも、こうした選手は、いまも埋もれているんじゃないかと見ている。

プロの球団にドラフトで指名されるということは、スカウトから高い技術と能力を評価されたからにほかならない。だが、そうして獲得した選手が、「じつはセ・リーグよりパ・リーグのほうが向いている」なんてことはザラにあるし、そうなったら、トレードでもしなければ、その選手が生きる道はない。

また、獲得した球団が所属するリーグ向きではあるものの、首脳陣とソリが合わずに埋もれてしまったり、同じポジションに高い能力を持ったライバルがいたりするために一軍で活躍の場が与えられない選手もいる。細川の場合は後者だったわけだが、こうした選手は、言葉は悪いが、戦力が劣るチームに移籍させたほうが活躍できる可能性が広がるということが十分にありうる。細川はまさにその好例といえるだろう。

だからこそ思う。いま、二軍に埋もれてしまっている選手は、現役ドラフトという機会でなくても、積極的にトレードに出すべきだ。キャンプ、オープン戦、そしてシーズンインしていけば、おのずと足りないピースが目に見えてくる。もともと足りないと思われていたことがシーズンに入ってさらに露呈するケースもあれば、主力選手がケガで離脱して突如としてコマ不足に陥ってしまうケースだってある。そんなときにトレードを活用しない手はなかろうというわけだ。

阪神のライバルチームである巨人は、中継ぎが炎上しまくっていると見るや、若手の有望株のひとりと見なされていた廣岡大志をオリックスに放出し、投手の鈴木康平（オリックス時代はＫ－鈴木）を獲得。また、石川慎吾をロッテに放出し、一軍で実績がない投手の小沼健太を獲得した。廣岡、鈴木、石川は、それぞれ新天地で結果を出し、一軍になくてはならないピースとして活躍している。

彼らが所属していた球団が「いち野球人として大成してほしい」と考えることは大切なことだ。そこには「よそで活躍したらどうしよう」という打算はいっさい抜きにして「選手個人が幸せになるトレードはないか」を第一に考えること。これからのプロ野球界は、そうした組織に変わっていく必要があるのではないだろうか。

選手を支援してくれる人には「良い人も悪い人もいる」と知れ

「タニマチ」というと、選手に寄り添い、叱咤(しった)激励してくれる存在をイメージされるかもしれないが、なかには選手を甘やかし、ダメにしてしまうような連中もいる。岡田監督はこうした人たちを「ニセのタニマチ」と評していたものだが、阪神の人気とネームバリューにあやかって選手に近づいてくるような連中とは明確に距離を置かなければならない。それができないでいると、選手にしてみれば、百害あって一利もない存在でしかない。

けれども、選手にしてみれば、悲しいかな、幼いころから野球をやってきて、中学、高校と上がっても、周囲から「あの子は野球がうまい」と持ち上げられると、それが当たり前になってしまう。そうして、プロに入ったあと、支援者と称した人たちが「あなたのことを応援します」と言って近づいてくると、選手本人も悪い気はしない。このとき、「近づいてきた人は自分にとって良い人なのか、悪い人なのか」を見きわめろと言われても、野球しかやってこずに高校、あるいは大学を経てプロに入ったところで、容易ではない。

私自身も現役時代には支援してくれた人がいた。彼らは私にとっていい支援者だった。私は社会人野球を経験したことで、野球人としてだけではなく、一社会人として、会社組織で働くことの意味や、人間関係のつくり方を学べたことは非常に大きかった。

もちろん、私はプロに入って以降、とくに阪神に移籍してからというもの、支援してくれた人たちに甘えていたわけではない。苦言を呈する人もいれば、叱咤激励してくれる人もいた。1年間戦っていくなかで、シーズンを通して、ずっと絶好調というわけにはいかない。疲労がたまってくる梅雨の時期や夏場になれば、ノックアウトを食らうときもあれば、粘り強く投げていても負けてしまうことだってある。そうしたときに、純粋に「頑張れよ」と応援してくれる人たちを、私はありがたく感じていたものだ。

だが、新型コロナウイルス禍の2020年に報道された、タニマチを介して開催されたとされる選手の飲み会は、本来なら外出を控えなければならない時期であった。この場に出席した選手たちは、このあと新型コロナウイルス感染症にかかったこともあって、マスコミや世間から叩かれて当然だった。

コロナ禍と呼ばれる時期が峠を越えた2023年のシーズン、阪神は長く好調を維持した。選手たちが支援者とお酒を飲みにいくといった報道が出ていないところを見ると、うまく自制していると受け取れる。私は、こうした状況が長く続けば、阪神はペナントレースにおいて、つねに好位置をキープできるだろうし、優勝争いの常連になるだろうと期待している。その意味では、「できるかぎり、選手にとってプラスになる、いい支援者」との距離を考えたおつきあいを、この先もしてほしいと願うばかりである。

コーチはYouTuberに負けない知識を磨け

これから球界で起きることのひとつに、監督以上にコーチ受難の時代がやってくる――そう言い切れてしまう理由は、YouTube に代表されるような「動画サイトの存在」が大いに関係しているからだ。

これまでだと、コーチが言うことは絶対だった。技術的に足りないことは、それぞれの持ち場のコーチが選手の指導にあたり、技術の向上を図る。こんなことは当たり前だった。ところが、最近はどうも事情が違うようだ。現場のコーチのアドバイスより、動画サイトを見て技術を会得しようとする選手が現れてきた。ただ、これは映像を見るだけにとどまっているからまだいい。

問題は、動画サイトで技術指導している本人に直接会って指導を求める選手が実際にいることだ。元プロ野球選手のアドバイスより、プロ野球の世界を経験していない、動画サイトで技術指導をしている人のほうがいいと判断しているというから驚きだ。

たしかに、次のようなケースはある。投手がコントロールをよくしようとして、自分が在籍しているAコーチにアドバイスを求めた。ところが、Aコーチの話をよくよく聞いていると、どうも自分にはそのアドバイスが合わないようで、しっくりこない。

そこで、さらに試行錯誤を重ねたものの、うまくいかない状態が1年、2年と過ぎ、最終的には3年後に在籍していた球団から、その選手が切られてしまった――こうなると、「コーチの教え方って、本当に正しかったのだろうか？」と疑心暗鬼になってしまうのも無理はない。

かといって、一度も見たことも会ったこともない動画サイトで指導している人に藁にもすがる思いで聞くのも、これまたリスクのある話だ。在籍している球団のコーチだっていい顔はしないだろうし、もし、それで技術的な欠点が改善されなければ、コーチと選手の信頼関係は間違いなく失われてしまう。

難しいのは、ドラフトで指名された選手全員が一軍の舞台で活躍できることなど、まずありえないことだ。選手本人は、どうにかプロの世界で活躍したいと渇望しているものの、さまざまな要因で「プロの世界では通用しない」という厳しい現実を突きつけられたとき、「あんなことにも、こんなことにも、チャレンジしておけばよかった」と後悔の念にさらされてしまう。そのためにもプロ、アマ問わず、いろいろな人の意見を参考に試行錯誤してみることも重要なのだ。

だからこそ思う。プロの現場における指導者にも付加価値をつける必要があるのではないかということだ。たとえば、サッカーのJリーグのように、指導者になる際には一定期間学んで、必ずライセンスを取得させるのでもいい。この場合、たんに技術を知っているだけではなく、選手に対する言葉の伝え方やモチベーションの上げ方など、一定以上のコーチングのスキルがない者は、選手に教えることを禁じたらいい。

2020年の春季キャンプでの藤浪に対する指導で元中日の山本昌臨時コーチがアドバイスした「手首を立てて投げる」という言葉に象徴されるが、自分にしかわからない感覚のアドバイスを選手が聞いたらどうなるだろうか。おそらく、10人いたら10人全員が迷ってしまうはずだ。それでは本当の意味でのアドバイスにはなりえない。

昔のコーチは自分の経験則で得たことだけアドバイスしていればよかった。だが、これからの時代はそうはいかない。見たことも聞いたこともない動画サイトの指導者に耳を傾けるプロ野球選手より自分のほうが上だと実証させるには、それ相応の知識とスキルが必要な時代となるのは間違いない。

こう言いながらも、私は、「これからの時代の指導者は、やらなければいけないことがたくさんあって大変だ」と同情しているのも、また事実なのだが——。

「三軍制」の導入を検討せよ

ソフトバンク、巨人などにはあって、阪神には欠けているもの。それは「三軍制を敷いているかどうか」である。これは阪神にかぎらず、三軍制を敷いていないすべての球団に共通していえることだ。

ソフトバンクの千賀滉大や甲斐拓也、周東佑京、巨人の松原聖弥のほか、かつて新人王を獲った山口鉄也や松本哲也といった現在のコーチ陣は、いずれも育成選手出身だ。二軍より下の三軍で揉まれて、這い上がって、今日の地位を築いた。

三軍まであるということは、選手の数も多いということだ。70人より100人のなかからのほうが、いい選手を見つける確率は高くなる。つまり、数が多くなればなるほど、いい意味での競争原理が働くようになる。

たとえ三軍であっても、一軍で活躍できる素養を持った選手がこのなかから出てくる可能性が高くなる。それだけではなく、一軍の首脳陣も選手の起用法のバリエーションが増えるという、うれしい悩みも出てくるのだ。

私が以前からずっと言い続けていることだが、本当にチームを勝たせたい、優勝したいと考えているなら、選手の起用方法は「季節労働者」のようなシステムでもいいと思っている。開幕直後からゴールデンウィークくらいまで働く選手、梅雨から夏場にかけて働く選手、そうしてラストスパートの秋口になったときにようやく全員がそろう。

つまり、ひとりの選手が好不調の波を繰り返しながらシーズンを通して働くより、「この時期だけは、とくに調子がいい」という選手を、しかるべき時期に当てはめて起用するかたちを取っていけば、その選手が活躍して、勝率もグンと上がるようになるはずだ。

選手の数が多くなればなるほどドラフトの指名順位など関係がなくなり、「数多くいる選手のなかから誰かが出てきてくれればいい」という考えでも十分戦っていくことができる。ドラフト1位の選手が額面どおりに活躍できなくても勝負強さを発揮するソフトバンク、巨人などの選手育成の方法を、阪神もぜひとも見習ってほしい。

二軍選手に高級車を買う
お金を持たせるな

いまの若い選手に「ハングリーになれ」などと精神論を説いても、それは無理な話だ。指導者は、できないことを求めるくらいなら、はじめから口にしないほうがいい。私がこのような境地にいたったのは、阪神の二軍のグラウンドである鳴尾浜（なるおはま）球場に行ったときの出来事が関係している。

私が総監督を務めたクラブチームが阪神の二軍と試合をしたときのことだ。鳴尾浜球場に着いたとき、ベンツやＢＭＷ、レクサスといった高級車が駐車場にズラリと並んでいる。

私はてっきり有望な新人を見ようと、球団のお偉いさんか誰かが来ているのかと思い、関係者に尋ねてみると、「そんな方は今日は来ていませんよ」と、あっさり否定されてしまった。そこで、駐車場に並んでいた高級車のことを不思議に思った私がそのことに触れると、

「ああ、あそこに並んでいる車は選手たちのです」

と、こともなげに言ったのだ。「えっ、ここにそんな高給取りの選手がいるのか？」と思ってグラウンドを見渡すと、一軍でバリバリ活躍している選手はほとんど見当たらない。つまり、若い選手たちは年俸ではなく、入団時にもらった高額な契約金で高級車を買っていたのだ。一軍でまだ芽が出ていないどころか、二軍でも乏しい実績しか残せていないにもかかわらず、所有する車だけは一流のものが手に入れられる。これでは「ハングリーになる」ことなど、とてもじゃないが無理難題である。

私が東映から南海に移籍したとき、大阪球場で自主トレに励んでいると、ライトグリーンのリンカーン・コンチネンタルが球場の脇にピタッと停車した。ドアが開き、なかから出てきたのは、ラフなスーツ姿の選手兼任監督だった野村さんだった。

すげえ車に乗っているんだな、と私が車をまじまじと見ていると、野村さんは私にこんなことを聞いてきた。

「お前さんも、こんな車が欲しいのか？」

「はい」と私が答えると、「だったら、頑張るしかないな。一軍でバリバリ活躍して、給料をバーンと上げてもらって、稼げたら買えるようになるぞ」と言ってくれた。東映にドラフト外で入団し、当時の契約金が４００万円、年俸が１２０万円だった私は、「いつかはあんな車を手に入れる」。そうした気概を持って、必死に投げて、大金を稼ごうとしたものだ。

だが、いまは違う。ドラフト上位であれば、入団時に莫大なお金が契約金としてもらえるし、下位指名であっても数千万円は軽く手に入れることができる。そのうえ、選手寮は個室が与えられていて、エアコン完備で食事つき、水道代と光熱費はタダとくれば、「このままの生活でもいいや」と考えたって不思議な話ではない。

そして、外に出れば、前にもお話ししたタニマチが「タイガースの選手」というだけでチヤホヤしてくれる。これで「勘違いするな」と言っても勘違いしない人間のほうがめずらしいのではないだろうか。

だからこそ思う。「選手への契約金はナシにしていいんじゃないか」ということだ。その代わり、「3年目までに一軍で何試合出たら、インセンティブとして500万円あげますよ。5年後に一軍でレギュラーとして定着したら3000万円あげます」というように、活躍した分はインセンティブというかたちで手厚く保障する。そうでもしなければ、「二軍のままでも、いい車に乗れる」などという勘違いした選手が、あとを絶たないほど出てくるのは間違いない。

これは阪神にかぎった話ではないかもしれないが、「現状維持でもいい暮らしができるからいいや」ではなく、「現状から這い上がらないといい暮らしができない」と思えるような野球界にならないと、本当の意味でのスーパースターは出てこないのではないかと私は危惧している。

「ポスト岡田」は選手の兄貴分になるな

私がいちばん懸念しているのが「岡田監督退任後」の阪神の監督である。岡田監督によって阪神の野球が正常化されたことは間違いないだけに、「なんや、この人は？」という人材が監督を務めるようなことがあれば、ヘタをすれば暗黒時代を迎えかねない。球団の思惑もあるだろうが、悲劇を迎えてしまうような人事だけは絶対に避けなくてはならない。

私は以前から岡田に対抗して掛布雅之を監督に推していたが、岡田より年齢が2歳上の彼が監督を務めることは、残念ながら、この先はもうないだろう。そこで掛布、岡田より年齢が下の阪神ＯＢからということになれば、いま50代後半に差しかかろうとしている金本、矢野より下の世代から選ぶことになる。

そうなると、今岡真訪、藤川球児、鳥谷敬の3人が候補に挙げられる。彼らに共通しているのは、「阪神以外のチームに在籍していたことがある」ことだ。

今岡は2009年に阪神を戦力外になったあと、10年から3年間、ロッテで現役生活をまっとうした。引退後は2015年から2017年まで阪神のコーチを務めたあと、2018年から4年間、再びロッテで二軍監督や一軍ヘッドコーチを務めた。そうして1年間の評論家生活を経て、2023年から岡田監督の要請によって一軍打撃コーチに就任した経緯がある。

また、藤川は2013年から2015年途中までメジャーでのプレーを経験し、2015年シーズン途中に帰国すると、四国アイランドリーグの高知ファイティングドッグスに在籍。2016年から5年間、再び阪神のユニホームに袖を通して投げ続けた。

鳥谷は2019年かぎりで阪神を退団すると、2020年から2年間、ロッテでプレーしたあとに引退。現役を悔いなく終わらせたことで、次のステージにどう進んでいくのかが注目されている。

一方で、彼ら3人には共通する不安材料がある。第1章にも書いたとおり、選手に対して「兄貴分」として振る舞ってしまわないかという点だ。出来の悪い弟を見て二軍に落とせるかどうか。勝負の世界に不必要な「情」を排除することができるのか。ときには非情にならなければならないのが監督であるのだから、少しでも甘えが露呈してしまうと、途端にチームはガタガタと音を立てて崩れていく。これがいちばん怖いのだ。

それに、今岡のように二軍監督を経験したからといって、一軍監督になったときに同じように采配を振ることはできないだろうし、また、指導者経験がないなかで、いきなり一軍監督に抜擢され、選手の顔色やメディアの声を聞きながら采配を振るうなんてことをすれば、間違いなく監督として失敗する。

仮にそうなったとしても、関西のメディアは擁護してくれるかもしれないが、結果を気長に待てない阪神ファンは「あんな監督、代えてまえ」と言い出すに決まっている。そうした目に見えないプレッシャーと戦っていかなくてはならない。それを次期監督が覚悟を持ってできるのだろうか。この点が不安である。

とはいえ、彼ら3人以外にも、誰が監督になろうとも、現役時代に味わうことがなかった屈辱を経験しようが、それを跳ねのけるだけのメンタリティを兼ね備えていることを期待して、未来の阪神監督を託すのもいいんじゃないか——そう思っている自分がいることだけは、みなさんにお伝えしておきたい。

おわりに

私が「辛口」の解説を続ける理由

2021年9月、阪神球団の上層部の人たちと話をする機会があった。「過去に阪神で活躍したOBたちの体験談を収録し、85周年記念の事業として、あらためて球団の歴史を取りまとめ、アーカイブ映像として保存し、甲子園歴史館のイベントなどで活用していきたい」というのだ。例の「アホ」発言でユニホームを脱いだ私にしてみれば、大変光栄な話である。1935年12月の球団創設以来、阪神には歴史を記録したものが残されていなかった。プロ野球創成期にチームに貢献された藤村富美男さん、長嶋茂雄さんとの名勝負が語り継がれている村山実さんらは、すでにこの世にいない。残されたOBたちが、自分たちが現役のころを振り返り、当時の記憶を語っていくのは、非常に意義のあることだ。

OBたちにも、阪神に対してはさまざまな思いがある。しかし、タテジマのユニホームに袖を通した瞬間に、優勝を目指して戦った同志となる。現役を過ごした時代は違えど、阪神のユニホームを着ていた者同士だからこそ、共有していきたいものもある。これから先も、この事業が長く続いていくことを願っている。

２０２１年は悲しい別れをした人が二人いた。ひとりはハル・ブリーデンである。私が阪神に移籍したのと同じ１９７６年に入団した彼には本当によく救われた。私が先発のときに、とにかくよく打ってくれたのだ。先制打、中押し、ダメ押しと、チャンスの場面ではよく打ってくれて、彼に救われたことは一度や二度ではなく、15勝も彼のおかげだった。

ブリーデンとは、多くの会話を交わしたわけでもなければ、一緒に食事に行くというようなこともなかった。だが、ホームランを打って、ベンチで「ナイス・バッティング！」と言って出迎えたときの、彼の笑顔は忘れられない。２０２１年5月に76歳で亡くなったと聞いたときは追悼コメントを出したが、心から哀悼の意を表したい。

もうひとりは、ニッポン放送のアナウンサーの深澤弘（ふかさわひろし）さんである。１６００試合以上のプロ野球の実況中継を担当し、長嶋さんとも親交が深いことで知られている。深澤さんとは「ショウアップナイター」の解説者として何度もコンビを組み、厳しく鍛えてもらった。深澤さんがいなければ、いまの私は存在しなかったといっても過言ではない。

私がニッポン放送で40年間、解説者を続けさせてもらっているのも、深澤さんが声をかけてくれたことが始まりだった。現役を引退した1981年の12月である。

「人は、あなたのことをいろいろ言うかもわからないけど、あなたの野球に対する考え方は、世間で言われているようなものではないはずだ。それをウチで生かしてほしい」

野球は1球ごとに状況が大きく変わる。それに対応できる話術を身につけ、ものの見方も養った。野球の解説者はアナウンサーが、評論家は記者が育てるのだと思った。

「江本の解説は辛口だ」とよく言われるが、私はそれでいいと思っている。どこかに忖度しなきゃならない解説をするくらいなら、キツイ言い方に聞こえるかもしれないが、遠慮なくズケズケ話すほうが、リスナーだっておもしろがってくれると、私は信じている。

これは、阪神に対しても例外ではない。目の前で行われている試合で、そのチームに所属していた解説者だと、やさしい言い方になると言う者もいるが、私は客観的かつ冷静な目で分析していきたいと思っている。聴いているファンを喜ばせたり、怒らせたりする？楽しみもあるが、いちOBとしての「叱咤激励」として捉えていただければ幸いである。

江本孟紀

阪神タイガースぶっちゃけ話　岡田阪神 激闘篇
猛虎の「アレ」を10倍楽しく見る方法

2023年10月6日　第1刷発行

著　者　江本孟紀

ブックデザイン　HOLON
写真提供　共同通信社
構　成　小山宣宏

発行人　畑 祐介
発行所　株式会社 清談社Publico
〒102-0073
東京都千代田区九段北1-2-2　グランドメゾン九段803
Tel. 03-6265-6185　Fax. 03-6265-6186

印刷所　中央精版印刷株式会社

ISBN 978-4-909979-51-3 C0075

清談社
Publico

http://seidansha.com/publico
X @seidansha_p
Facebook http://www.facebook.com/seidansha.publico

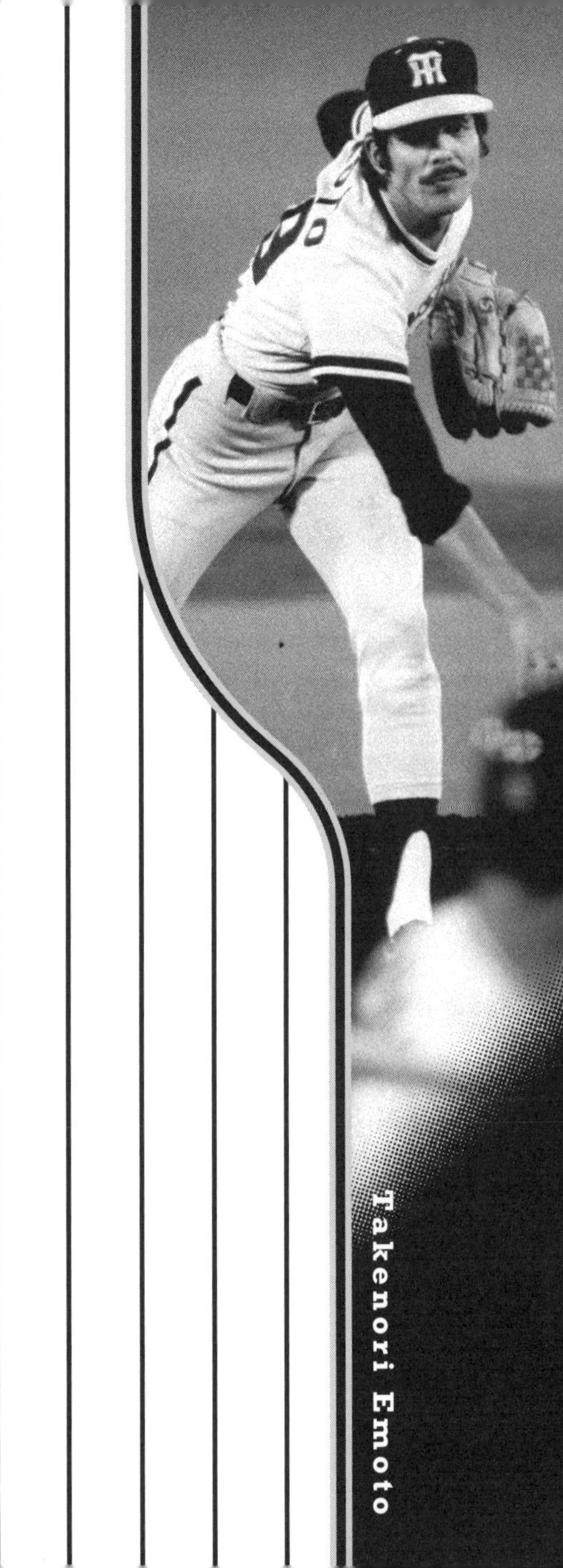
Takenori Emoto